天下雜誌
觀念領先

稻盛和夫的哲學

暢銷紀念版

人為什麼活著

Kazuo Inamori
稻盛和夫 著　呂美女 譯

稲盛和夫の哲学 人は何のために生きるのか

稻盛和夫的哲學（暢銷紀念版）⊙ 目錄

導讀

日本京都陶瓷創辦人

稻盛和夫的哲學：人為什麼活著？

莊舒淇

說到日本京都企業家最典型的代表人物是現年七十六歲的稻盛和夫*。他在四十八年前，也就是二十七歲那年（一九五九）創辦京都陶瓷，與七個伙伴、三百萬日圓的資本起家，根據京都陶瓷網頁資

* 編按：稻盛和夫一九三二年出生於鹿兒島，二〇二二年逝世。本文寫於二〇〇八年《稻盛和夫的哲學：人為什麼活著》第一版發行。

料顯示，到現在全球有一百八十家公司、六萬三千四百七十多名員工，資本額達一千一百五十多億日圓，連結營收達一兆兩千八百三十多億日圓，連結純利益達一千六百五十億日圓（二〇〇七年三月的結算）。

京都陶瓷可說是千年古都京都的長春企業。它是日本最大精密陶瓷元件的公司，同時也生產半導體零件、太陽能發電系統、陶瓷切削工具、印刷電路板工具、人工關節、人工牙根等。日本工商界讚美稻盛和夫的敬天愛人哲學、變形蟲組織管理文化以及潛意識論，是京都陶瓷公司的管理文化三寶。

在二〇〇八年一月底，天下雜誌出版他所寫的《稻盛和夫的哲學——人為什麼活著？》一書，徹底直擊稻盛和夫的內在心靈世界，以及讓人一目了然這樣的心靈世界，與他一手創立的京都陶瓷企業集團，至今仍然立於不敗之地，似乎也有極大的交叉關係。

對於現年七十六歲的稻盛而言，他最在意的倒不只是這文化三寶，最重要的是他的一些對內、對外都昭然若揭的經營哲學。譬如經營的心是什麼？譬如他強調要光明正大地追求企業的利益、要徹底貫徹實力主義、重視獨創性等等；再譬如他也強調要提高心的境界，要能夠與宇宙調和、要有素直的心、感恩的心等等。無論企業再怎麼成功，這位出身九州鹿兒島、鹿兒島大學工學部畢業、到京都創業的企業家，怎麼樣都沒有忘掉身為人的根本原則。這個內心底定人生哲學，成為稻盛成就一連串企業及公益活動始終沒有忘懷的軸心。

譬如說他相當注意對社會、人才的回饋。一九八四年稻盛設立「京都賞」，每年定期表揚在先進科學、基礎科學與思想藝術三領域有卓越貢獻的個人，獎金是五千萬日圓；此外在一九九五年設立「盛和塾」，以中小企業經營者為招生對象，由稻盛親自擔任校長，分享人生哲學與經營理念，培育新世代的經營者。

他也論述不斷。在臺灣，有企業家盛傳不斷地出傳記，企業會垮。但是在日本，如松下電器的松下幸之助生前論述不斷，也成立出版社，後人繼續發揚松下幸之助的哲學、理念，京都陶瓷的稻盛和夫也著作不斷，誨人不倦。主要著作有：《提高心智、開展經營》、《對成功的熱情》、《敬天愛人》、《稻盛和夫的實學》、《小鬼頭自述傳》、《你的想法一定會實現》及《生活的方法》等。

天下雜誌在二〇〇八年出版了《稻盛和夫的哲學》一書。在這本書中他開宗明義自我檢討日本人。他說許多日本人把富裕的人生當做首要目標，不斷地努力工作，最後爬上世界經濟大國的地位，但很多人依然活得不滿意也不安心。臺灣人也未嘗不是如此呢？

認真思考人生的真正目的

稻盛和夫懷疑其中最重要的理由，莫過於日本人並未很認真地思考人生真正的生活目的和應有的思維，也忘了「知足」和「己所不欲、勿施於人」的道理，只知道滿足自己，自私自利地活著。

因此他認為，目前的日本人有必要直接面對「人到底為什麼而活？」這項根本的問題，以建立人類最基本的哲學和人生觀。而這本書《稻盛和夫的哲學》的作者，就是這位有「日本企業經營之聖」的稻盛和夫，因為他深入地探討了他認為人為何活著的這個最基本的人生哲學。

人生最大的價值在於擁有高尚的品格

他認為，人如果在往生時能得到「你一生努力不懈，不斷提升自己，直到擁有如此高尚的品格」這樣的風評，才是人生最大的價值。他認為，人就是要利用此生提升自己生而為人的品質，人生就是提升心智的過程。

身為一個帶動京都陶瓷持續成功的創業企業家，他的人生哲學也有助於當他在創辦企業面對挫折時，仍然能夠再出發。所以這本書可以是一本讓企業家及工作人一邊讀、一邊激勵自己往前進的哲學書；也可以作為普天下的父母當他們的小孩長到十二、三歲時，必須立下人生目標時，可以參考的一本人生哲學書；這也是一本給始終找不到活著的意義的年輕人，幫助他們找到人生意義的哲學書。

而這本書不是哲學家寫的，是日本一個白手起家的成功企業家的親身體驗與驗證。

十二、三歲起，就要思考人生的目的

稻盛認為，人類開始實際感覺到自己活在世界上，具有存在意識，是已經有了判斷事物能力之後的事。從出生到具有此種判斷力之前，人類並沒有意識到自己活在世上。所以在具有判斷力之前，人類只能在雙親的保護下活著，一直到十二、三歲左右，才開始懂得思考人生是什麼？

稻盛在書中指出，無論是哪一種人，在不知不覺中年紀都會愈來愈增長。隨著歲數增長，不管是努力往出人頭地方向衝刺的人，或是想過有趣、快樂、搞怪人生者，慢慢地都會調整自己的人生目標。

稻盛認為，理論上，人過了中年，應該是工作和人際經驗都更臻於圓滿，人格品質也跟著提升才對，沒想到對健康與肉體的執著，卻取代了這種好的成長。「於是人類開始沉溺於欲望，也因而帶來老與醜。」稻盛在書中深感憂心地說。為何人到了中年，會如此呢？因為開始感受到死亡的威脅逼近自己，也因此開始思索「為了活久一點，得注意健康了」，接下來開始將健康也列為自己的人生目標。

只要和同輩的朋友相聚，話題不外乎「吃這個有益健康」、「這種藥比較有效」、「我最近得了這種病，你要小心哦！」或是「哪個醫生好呢？」等等，顯示他們花更多時間在維持健康。不管是努力出人頭地的人，或是那些追求有趣、快樂、搞怪人生的人，到了這個時候，工作可以馬虎一些，對健康卻絲毫不敢大意。

所謂的長壽，主要是指「肉體維持長時間的存在」。人類想要保護開始老化衰弱的肉體，讓自己生存長一點的時間，多少就會忽略他人，變得自私和執著，心中開始出現「只要對自己有利的就是好的」的想法。

但稻盛和夫感嘆這一切都不是恆常的。他感嘆，即便是出人頭地、揚名立萬，也只有在這一世呀！「名譽、地位和財產，在我們往生以後，沒有一樣能帶到另一個世界。連肉體也是留在地球上，就像前面提及的，能帶走的只有靈魂，也就是意識體而已。」他說。

因此，稻盛一直潛心修行佛法。晚年潛心修佛的稻盛是相信人有靈魂的。他指出，無論此生過得多麼有趣、怪異，死了以後也只餘留靈魂，如果那時靈魂只留存一點點「這一生還挺有趣」的印象，他覺得這樣的人生似乎也沒有很大的意義。

他認為人生的意義在於，當人往生的時候，留下的靈魂或意識體具有真正的價值。活在世間獲得的名譽、累積的財產及建立的地位，是否能成為靈魂的價值呢？或者度過有趣、奇特或波瀾萬丈的人生，是否就能提升靈魂的價值呢？他認為兩者答案皆是否定的。

提升人性價值在於對世界做了多少善行，成為一個有品質的人

稻盛堅定認為，億萬人類的靈魂共同追求的價值，應是來自於活著的時候為這個世界做出多少貢獻，亦即做了多少善行才是。

提升人性的品質，或者說磨練人的靈魂，對人類而言是非常重要的大事。磨練靈魂也就是提升人性品質，使人的品質臻於完美，這才是人生真正的目的。稻盛指出：「抽離這個目標，人活在這個世界根本無意義可言。」

因此，他主張，「雖然循任何模式都可以走完一生，但無論你走哪一種模式，也都應該衷心理解那是造物主為了提升你的人性而給的路，並因此而感到滿足。」

稻盛的想法是，如果父母能在兒女還處於小學時期，就明確地教導他們人生最終的目的是什麼，相信每個孩子都會走向美好的人生。

出人頭地也好、成功也好，只想過有趣的、搞怪的一生也罷，都只是人生的一種過程而已。「人生真正的目的是成為一個有品質的人！」他說。

他強力主張應該在孩子們十二、三歲，正要面對人生立下志向的時候，教導他們這種正確的概念。這個時候可能孩子們尚無法真正地理解，但是只要在腦海的一角潛藏著這樣的觀念，到了青年、甚至壯年時期，有一天他可能突然回想起來。能做到這樣，就是達到目的了，教給孩子這樣的觀念也絕不會徒勞無功。

為什麼這個時代喪失心智？

為什麼這個時代會被視為心智喪失的時代，或被認為精神提升無法趕上物質發展的時代，原因就在於人沒有即早體悟到人活著的價值是什麼？

「那麼，為了提升人性，人類到底應該如何努力呢？」稻盛問。

第一、為人類盡一份心、為世界盡一己之力的「布施」。

第二、克制自己，壓抑我執、自私之心的「持戒」。

第三、在世事無常、大起大落的人生中忍耐的「忍辱」。

第四、全心全力勞動的「精進」。

命運與因果報應

注重修行的稻盛也極為注重因果報應，不輕易向所謂的命運低頭。他認為人生的要素主要有兩項：

第一項是跟著我們生下來的「命運」。例如每個時代都會出現代表性的學者，也許因為父母親優秀的基因遺傳，他們的頭腦聰明清晰，但光是這樣，尚不足以成為優秀的學者。他還要有不生病的健康身體、好老師的支援，擁有足夠做好學問的環境，種種條件匯聚之後，自己擁有的才華才能夠完全開花結果。總之，一個人能否成為一流學者的決定因素，應該屬於超乎自我意志和遺傳基因之外的某種「命運」的領域。

然而他在《稻盛和夫的哲學》一書中，也指出來自於中國明朝的一個故事，說明命運是可以因個人的努力而超越的。在中國一本古籍《陰騭錄》收錄的《了凡四訓》中，曾提到明朝袁了凡生平的故事。袁了凡本名袁學海，生於代代行醫的世家；袁的父親早逝，由母親獨立撫養長大，母親希望他繼承祖先遺志，繼續當醫生懸壺濟世。

有一天，家中來了一位兩鬢留著鬍鬚的老者，老者說：

「我是來自雲南專門研究易算命理的人，來此的用意是天命要我來教一位名叫袁學海的少年學習易經；他的母親希望他成為醫生也無不可，將來他會通過科舉考試，成為優秀的官員；在縣考中得到第十四名，府考第七十一名，提學考第九名……，在一次正式科舉大考之前，開始擔任官職，做過許多地方的地方官。他將會結婚但沒有子女，享年五十三。」

結果袁學海真的在少年時期停止學醫，開始朝科舉之路前進；之後的人生也不可思議地像老人所說的一樣，連幾次參加考試和當過什麼地方官，也都被老人說中了。

退休以後，他到南京遊學，有一回前往棲霞山拜訪有名的雲谷禪師，兩人相對坐禪三日。

結束時雲谷禪師誇讚他：「還如此年輕，卻能在禪定時不帶一絲俗念和邪念，我從未見過禪定功夫如此了得的年輕人，你到底在哪兒修行呀！」

雲谷禪師對袁了凡的修行成果十分感動，但是袁了凡卻只能說出小時候碰到老人的經過。

「到目前為止，我的一生一點也沒超出那位老人的預言，一切就如同他的描述。我既沒有子女、也可能很快就會在五十三歲往生吧！所以我想我已經沒什麼可以思考和煩惱的事了。」

沒想到雲谷禪師聽完他的話卻大罵他一頓：「我以為你是個開悟的大丈夫，沒想到你是偌大笨蛋！」接著告訴他：「老人雖然告知你的命運，但是命運並非不可以改呀！」他並提到如果行善就會出現好的結果、做惡就會產生壞結局的「因果報應法則」。

「只要你的心想的都是善事，你的人生一定往好的方向轉變。」雲谷禪師最後如此說。

袁了凡被責備之後回答說：「我錯了，往後一定遵照老師的話去做。」

從此袁了凡每行一善便給自己加一分，每做一惡就給自己減一分，用分數來勉勵自己日日行善。

結果袁了凡一直活到七十三歲才往生，老人說他沒有兒女，後來也有了。袁了凡告訴他的孩子：「在我遇見雲谷禪師之前，我的人生就如命運所示；但是之後我改變自己的思維，努力行善，所以生下了你，原本只有五十三歲的壽命，現在已經過了七十還健在。兒子喲，所謂的人生，就是不斷行善就可以改變的東西啊！」

「命運」是既定的，並非我們衷心期望就能改變。但是另一方面，和「命運」並行的「因果報應法則」卻非如此，如果善用這項法則，原本已經定案的命運也能再改變，我們不妨稱這樣的過程為「立命」。既然透過立命可以改變命運，我認為人類應該更有效地運用「因果報應法則」才對。

然而稻盛指出，問題在於，現代人無法相信交叉運用「命運」與「因果報應法則」能創造美好人生這樣單純的論調。一來，社會上對「命運」與「因果報應法則」的看法本來就具有偏見；二來，現代科學根本無法解釋超乎人類智慧理解的命運。

因此那些具有較多學問的知識分子，多半認定命運的論調是迷信的說辭；在知識分子的眼中，「因果報應法則」通俗一點的說法就是「做壞事就會受到上天的處罰」，是沒學問的鄉下人用以防止小孩做壞事的便宜行事。

事實上，除了上述的故事，的確很難找到更多例子證明「命運」與「因果報應法則」的說法到底正確與否。「命運到底是什麼？我們很想、卻很難解釋；對於善有善報的理論，也很難找到明確的實例加以說明」，稻盛和夫說。

原因也就是之前提及的，人生是「命運」與「因果報應法則」交叉結合形成的。例如，當人走在命運極端惡劣的時期，即使做了一點善事，終究無濟於事；而有時處於運氣非常好的時候，即使做了一點壞事，相形之下好像也看不出其壞處，導致有人會疑問：「做了那麼多壞事的人，人生為什麼還過得那麼幸福？」

以下則是進一步的解釋。有一位具有通靈能力的人為我的朋友算命，他說：「這個人今天運勢很差，本來應該會有一場大病，如果他能平安無事，那是因為他近年來所做的好事庇蔭他，以他的運勢根本不可能事業如此順利，身體也不可能如此健康。」

如此這般，「命運」與「因果報應法則」猶如DNA的雙螺旋，複雜地交錯組合在一起，也因為可以交錯組合，所以不是以「一加一等於二」這種單純的方式組合，但是所有人的人生確實都是出自這兩項要素的結合。稻盛相信，更重要的是，「因果報應法則」比「命運」更有力量，足以改變人的一生，可惜，至今沒有多少人相信這種說法。

如何不煩惱？

稻盛鼓勵大家不去煩惱。他說，「不去煩惱」，就是從煩惱的境界中解脫的最佳方法。但是要如何做才能做到凡事不去煩惱呢？他建議如下：

第一、如果有時間煩惱，就比別人更加倍努力地工作；第二、保持謙虛絕不驕傲；第三、每天自我反省，反省與煩惱完全不同；第

四、知足和感恩自己活在人間；第五、秉持寧可他人比自己好的利他心而活。

共生與競爭

在帶領企業時，稻盛和夫的思維是：心存善念，好的事就會來；心存惡念，壞的事就會發生。因此他一定只能想好的事，而且很努力想好的事才行。

在稻盛成長過程中，無論是就學、就業，都曾遭遇失敗的經驗，不可思議的是，他從未懷疑過這些理念。每當遇到不好的狀況，就反省自己的思維必定有問題，才會有此遭遇。

只要是人，就有煩惱。但是煩惱時，他就會去想：「只要不去在意，把自己的心情調整好，問題就會自然解決。能夠有今日的成就，我想應該是因為我從小就努力維持善念的結果吧！」

稻盛的做法就好像心中有另外一個「我」的感覺；每當自己有自私的念頭出現，另一個「我」的聲音就會適時出現：「等一下，這樣做不是很奇怪嗎？」、「不可以往壞的地方想，只能想好的事！」

換句話說，「感覺好像是另一個『我』會主動控制『任本能欲望馳騁的我』，結果才會產生現在的我」，稻盛說。

稻盛在年幼罹患肺結核時，心中充滿不想死的求生欲望，但是到了六十五歲預計要以在家修行的方式出家的前夕，在一次健康檢查時發現自己得了胃癌。因為是癌症初期，癌細胞只在表皮，立即動了手術清除掉。其實早在他五十歲時，他對於死亡這件事就不再有特別的感覺了。如今他已經七十六歲了，去年十二月，還在京都文化會議中演講。他在書中還明白指出，他大概會活到八十歲呢。

他對自己人生的想法是，自出生到二十歲為進入社會的準備期，二十歲到四十歲為勞動期，六十歲到八十歲為進入死亡之旅的準備期。因此，他希望在六十歲開始，後來延期至六十五歲，開始做些和尚的修行，研究佛教。「在我八十歲、肉體面對死亡的時候，為了讓心（靈魂和意識體）之旅程能順利上路，我必須事先做好準備才行」，他在書中坦然道出。

稻盛和夫的哲學二〇〇一年在日本出版，二〇〇八年引進臺灣，一點都不晚。因為臺灣的企業家，尤其是科技業創業家，在近幾年大多遇到企業的重大挫折，以及身體上的病痛。他這本人生哲學書來得恰是時候。可以讓讀者隨著他在本書的各個章節如人類存在的價值、宇宙、心智、造物主、欲望、意識與靈魂、科學、人類的本性、自由、青少年犯罪、命運與因果報應、人生的考驗、苦惱與恨、逆境、情與理、勤勞、宗教與死亡、共生與競爭、知足之道、我走過的路等二十一個章節當中，一一走過稻盛和夫的人生哲學，好好重新審視、整理自己的人生吧！

（本文作者為前《天下》雜誌出版部日本館總編輯）

前言
如何經營「美好的人生」

稻盛和夫

日本人於第二次世界大戰之後，把重建日本、過富裕的人生當做首要目標，不斷地努力工作，最後爬上世界第二經濟大國的地位，很多人就這項成果認為日本已經達成願望。但是，日本人即使在物質上過著富裕的生活，很多人依然活得不滿意也不安心。我懷疑其中最重要的理由，莫過於日本人並未很認真地思考人生真正的生活目的和應有的思維，也忘了「知足」和「己所不欲、勿施於人」的道理，只知道滿足自己，自私自利地活著。

因此，我認為，目前的日本人有必要直接面對「人到底為什麼而活？」這項根本的問題，以建立人類最基本的哲學和人生觀。

我們幾乎從來沒有被教育過，應該起而反對二次大戰前那般的思想箝制，或者應該主張人類可以自由地擁有任何的思想等等，亦即身為人類理所當然應具有的思考或生活方式。

可是後來卻又演變成，個人過於自由地依自己想要的方式生活，甚至不想受到任何控制，只想憑自己的想法過完一生。的確，活在一個自由社會，人們可以擁有任何想法，這也是自由，這樣的自由也應該受到尊重。

問題是我們必須理解一個事實，人們對人生的想法不同，也會導致個別的人生結果產生很大的差異。例如，好逸惡勞、喜歡過神奇有趣人生的人；性情乖戾、認為人生充滿不平不滿的人；抱持高遠目標、朝目標樂觀邁進、不斷重複努力的人，他們的人生境遇均會出現很大的差別。

換句話說，想用什麼樣的方法走過人生是個人的自由，但也因為方法不同，個別人生的相貌也呈現很大的差距。

總而言之，要過「美好的人生」，有一定的思考方法可循。此外，我們也有必要明白，到底什麼才是正確的方法。由於ＰＨＰ研究所（譯按：一九四六年由松下幸之助創設）的副社長江口克彥的委託，所以我將自己人生當中一些小經驗和思考方法，拿出來分享給想要真摯地過完人生的讀者，包括一般青少年朋友們。

為了迎接新的世紀，面對愈來愈混亂迷惑的社會，能夠將自己的思考當成哲學來審視——這本書不斷反覆、重申的諫言不外乎如此。

我是企業經營者，也是哲學的門外漢，此書只是我個人的淺見；

然而我從未停止期待，基於這股願力而誕生的這本書，能夠幫助那些在混亂的現代社會中，努力摸索正確生活方式的讀者。

此書出版之際，承蒙ＰＨＰ研究所的吉野隆雄、中澤直樹兩位先生，以及京瓷（Kyocera）祕書室的大田嘉仁、粕谷昌志先生悉心協助，謹此一併致謝。

二〇〇一年十月

第1章

人類存在與生存的價值

「人類的存在是有價值的嗎？」

「在地球上投胎、生存的意義何在？」

每當我被問到這類和人的核心價值有關的問題時，我必然如此回答：「地球上……應該說全宇宙中的萬物，都是因為有必要存在而存在，再怎麼微小的東西也是如此。不只人類，包括其他宇宙萬象，所有東西的存在也都有一定的緣由，例如佇立在路旁的一株野草，或滾落在路邊的一粒小石頭，也都是有其必要才存在。無論再小的物質，如果無法找出其存在的理由，那麼這個地球乃至大宇宙根本就無法形成。換句話說，『存在』兩個字本身就有無限重大的意義。」

這樣的回答並非只是單純地從觀念的角度去思考，由科學的領域來看也是如此。例如，構成宇宙的總能量總是不增不減、維持一定，所謂的「物質不滅定律」也可以證實我的立論。

我們燃燒東西時，那個被燒的物質或許消失了，然而因燃燒而化為氣體、燒完後剩下的殘留物，以及產生的熱能，這些質能的總和是不變的。總之，這個物質並非消失，而是在定量的範圍內，轉換變化成不同形狀及模樣的物質或能量罷了。

就因為物質的總能量是不變的，所以宇宙中無論體積多小的東西、甚至無生物，全都是構成宇宙不可或缺的元素。例如，被大卡車彈出道路、掉進水溝的小石頭，對浩瀚的宇宙而言，也是必要的存在。遺漏重量只有數百兆分之一公克的微量物質，宇宙也可能因此失去平衡，因此世間並沒有不必要的存在；只要某種物質存在，就是構成宇宙的必要物質，也就是一項必要的存在。

也就是說，無論多麼微不足道的東西都沒有理由被放棄；反過來說，這世界上沒有一樣東西是多餘的，如果有一樣多餘的東西，宇宙的平衡便會因而遭到破壞。

宇宙之間還有一個現象：所有的存在並非單獨的存在，而是存在於相對的關係中。更進一步說，因為其他的東西存在，所以自己存在；也因為自己存在，所以其他的東西存在。萬物就是在相互的連繫中建立「存在」這種現象。

釋迦牟尼佛說：「有因有緣世間集」。我想智慧已開、全盤了解真理的釋迦牟尼佛，從完全開悟的境界捕捉到宇宙真象，才會有此說法。難道，遠在兩千五百年前，佛陀就已經知曉現今先進科學方才證實的宇宙觀嗎？

物質的存在的確絕非偶然，都是因為必要而存在；萬物會降生在這個世界並在此存活是必然的，因為「存在」本身就有其價值。更重要的是，人類的價值並非只在於存在而已，人擁有智慧、理性和心智，就因為人類擁有這些特質，所以被稱為「萬物之靈」，被視為地球上進化程度最高的生物；因此，人類內在擁有的是遠比「存在」更偉大的價值。

我認為，這也是人類可以為世界、為人類本身做出貢獻的主要原因。總之，從廣大的宇宙來看，萬物什麼也無須做，光是存在就有它們的價值；何況人類，具有意識、能夠思考且能自我磨練的人類，一定可以產生比存在更高的價值，可以貢獻給世界和所有的人。想為地球、為人類社會做出貢獻，並且付諸執行，也只有人類才具有這種可能性。

如果人類不斷想要征服自然，也想踐踏其他生命，或是控制其他種族的人，導致日以繼夜地爭鬥，這時候擁有智慧、知識、思考能力和心智這些特性，反而讓人類變成了恐怖的存在。

如果人類只是存在，那也符合宇宙之間的需要，不過當人類具有壞心眼，就會變成萬惡之源。人類具有這樣的雙重特質，因此，如果人類想真正發揮其存在的價值，就必須重視自己的心智、思考、智慧和理性等內在的品質。

接著，轉移一下話題焦點，不妨就一個人的誕生是純屬偶然，還是必然的問題上深入思考。我相信透過這樣的思考，將使人類存在的價值更加明確、讓人更容易理解。例如，稻盛和夫這個人誕生、存活在這裡，這到底是偶然還是必然的現象？這也是個很難回答的問題。再舉個A父親與B母親結合，生下C兒子的例子。B母親排出的卵子與A父親排出的精子，配對組合的可能數字大到可以讓人數到昏頭，其中一種配對被選中了，於是誕生了C兒子。依據現代人的理性思考，比較容易接受的說法是：純屬偶然。

雖然結果看似偶然，我還是認為那個人是因為必須被生下來，所以才會誕生的想法比較正確。其實我也深深理解，這樣的說法必定會惹來「無稽之談」的駁斥，但是如果說一個人的生存只是偶然的產物，則身為萬物之靈的人類的存在豈不變得毫無意義？

「偶然之間被生下來」與「有沒有被生下來都無所謂」的意思幾乎一樣，但是我覺得人類應該更有價值才對。

即使人類並不是真的那麼有價值，既然被視為「必然」的存在，也應該將我等人類的價值稍微提高一點才是正確。戴上「在必然的情況下生出來」的高帽子，也帶出生存的意義、意欲及使命等說法，這種思考方式十分重要。

我也認為，硬將這些思考綁在科學方法上去做解剖，簡直是輕視人類價值的胡鬧行為。

第2章
宇宙

假如大至人類、小至草木對宇宙而言都是有價值的存在，那麼或許是因為有「宇宙究竟為何物？」這個疑問，才讓所有的存在變成真實的吧？這也是我接下來想提出的觀點。

由於我生在現代，加上又是學理工出身，因此為了說服自己，凡事都得環繞著科學的合理性，並以此為主軸進行思考。

根據現代物理學的說法，宇宙的形成主要是一百五十億年前，由一塊粒子產生大爆裂開始的。那次的宇宙爆裂被稱為「宇宙大霹靂」，本來手可盈握的塊狀粒子，在經歷超高壓、高溫的大爆炸過程之後不斷膨脹，膨脹到變成現在的宇宙。

把地球看成一個質量單位已經很不得了，但構成太陽系的主要星球——太陽，其質量尚且是地球的三十三萬倍；和太陽一樣的恆星，在銀河系大約有一千億個；和銀河系一樣的銀河在宇宙中也有數不盡的數量。

宇宙的廣與大，其所具有的質量，可以說完全超乎人類想像。但是它的開始卻是拳頭大小的一塊粒子，時時刻刻不斷地膨脹成眼前的宇宙，這個宇宙，現在也還在膨脹當中。

形成宇宙的原始粒子有數十種，物理學界目前還在研究，他們認為真正的原始粒子應該可以聚合。這種粒子聚合之後，最早形成的應該是氫原子；太陽的本體主要就是由氫原子組成的星球，主要靠內部的氫原子進行核融合，而燃燒產生熱與光，宇宙間由氫原子組成的星球數量相當多。

宇宙大爆炸時，有些粒子結合在一起，變成了質子，有一些粒子結合以後變成中子，也有一些結合之後變成中間子，透過中間子，質子和中子結合成最原始的原子核。在這種原子核周圍的粒子則形成電子，電子依軌道固定環繞原子核，於是形成世界上最早出現的原子，也就是氫原子。

接著，氫原子的原子核結合產生核融合反應，而後產生了氦原子；同樣的核融合反應不斷進行，於是各種質量比較大的原子相繼誕生，最後形成了眼前的元素周期表，這是現代物理學界的說法。

我認為我們不妨將這種宇宙形成的經過，視為一種「進化」。

一般人提到進化，都以達爾文提出的生物進化為主，幾乎沒有人提及無生物（無生命物質）的進化，這主要是因為一般人都認為無生物是不會變化的。但是，我認為宇宙最初始於劇烈的「無生物的進化」，之後才逐漸形成現狀，這樣的想法比較正確。

那麼，為何會產生這種進化呢？換言之，為何大霹靂發生後，粒子不能維持原狀，而結合生出質子、中子和中間子？以上物質又為何會結合成原子核？電子為何非得被原子核套住而一起構成氫原子？最後，為何氫原子會經由核融合反應再生出氦和之後的各類元素呢？……

面對這些問題，既成的意見不外乎「宇由有其自然的法則」。換言之，由科學的角度來看，宇宙的生成發展是依循一定的「宇宙法則」進行的。

就我的理解，與其認定宇宙有法則，不如說宇宙之間包羅萬象的存在，並非一成不變地存在，而是隨時朝著成長和發展的方向在流動，也就是宇宙間有一股力量，不斷將萬物推向成長和發展的進化方向。總之，與其談無生物的生存法則，不如思考宇宙間有股力量，能讓萬物誕生、繁衍、發展和進化，也就是「宇宙的意志」比較實際。

為了協助大多數的讀者了解，我試著用擬人法描述，討厭這種敘述方式的讀者，不妨繼續採信宇宙之間有其既定的法則。

宇宙大爆炸之後，本來只有粒子存在的宇宙，開始出現各原子，原子結合產生分子，分子再演變成構成宇宙的無機物質，接著內含生命的生物開始形成，宇宙於是擁有現代人類等高度進化生物。我對於宇宙形成的理解是，由無機物的進化到生物的進化，宇宙萬物的生成與發展，皆是在宇宙的法則和宇宙的意志下完成的。

宇宙法則與意志促進宇宙的進化，在進化中，粒子集結成原子、分子，之後形成高分子的多醣體、蛋白質，並構成ＤＮＡ（去氧核醣核酸）和所謂「生命」的物質體。生命產生之後，宇宙的進化依然持續進行，並未停歇。

就這樣，促使所有的生物朝發展方向前進的宇宙意志，存在於像我們一樣的生物之中，也存在石頭裡面。換言之，宇宙意志形同萬物的本源，我相信這樣的思維也是正確的。

已經開悟的聖賢，將這種現象稱做「宇宙間遍布著愛」；換言之，道路旁的一草一木或是一粒石子，裡面皆存在著愛——亦即宇宙意志。

此外，釋迦牟尼佛的教誨中也有「萬般皆有佛性」。

佛性指的是開悟的狀態，換句話形容就是真智、真如、真我，意即這種真智慧之源就存在萬物之中。佛教的另一支「天台宗」的教義也強調「山川草木悉皆成佛」，意思是無論山、川、草、木皆有佛性，萬般皆佛。

日本研究回教的權威人士、已故的井筒俊彥先生，透過冥想、打坐，進入接近入定的境界時，曾經如此描述：「感覺到自己的意識消失，只留下自己依然存在的感覺。透過直覺，感覺到其實宇宙萬物和自己是一體的存在……」

總之，個人的意識如果變得很細膩，由五官開始，某些感官的知覺就會消失，但是情況和熟睡並不一樣，意識還是保持全然的清醒，當下也能感覺自己的存在和其他所有東西的存在，雖然可能無法以語言形容，但感覺是真實的。對這股促成萬物生成和發展的無以形容的力量，只有以「宇宙的意志」來代表吧！

當然我們每個人都具有所謂的宇宙意志，再者宇宙意志與人類的死亡也具有關係。

就現代醫學的角度，判定死亡有三種定義：呼吸停止、心跳停止及腦活動停止，但這三種定義都只是指肉體上的死亡。即使肉體毀滅，就存在的基本定義來看並非完全毀滅，我相信只要宇宙的意志仍然存在，肉體死去，並不意味個人真的已經死亡。

第3章
心智

直到出現所謂的精神醫學，人類的「意識」才被醫學界認知和承認；但是在意識被確認之前，有關「心智」的研究只在心理學領域出現，未曾被納入醫學的領域中。例如，大多數人都認為壓力是造成胃潰瘍的主要原因，前人的說法是：「因為太擔心，所以胃上開了口，這是無法避免的。」目前醫學界大多數已經承認壓力是造成胃潰瘍的原因，這樣的解釋會出現也是基於醫學常識已經改變。

事實上，即使不到胃潰瘍的程度，多數人也經驗過緊張、擔心時，胃會隱隱抽痛，醫學上也曾出現承受一週的壓力就導致胃穿孔的例子。

實際上，胃壁是人類內臟中最強韌的部位，因此能夠忍受強烈胃酸的侵襲；然而如此強韌的胃，為何會輕易地被「擔心」的情緒破壞？理由在於「擔心」這種意識，可以削弱胃壁防止胃酸侵蝕的抵抗力，導致胃部細胞被有如鹽酸般強烈的胃酸破壞。換句話說，意識可以破壞細胞的說法是成立的。

此外，傳言已故的日本經營之神松下幸之助曾經因為擔心經營問題，擔心到出現「血尿」的症狀，可見不只是胃，人類身上擁有的數十兆細胞都可能因為意識而活絡或衰敗。僅管肉眼看不見意識，但是意識卻擁有超強的影響力，因此現代醫學已經開始利用新的療法，也就是透過改變患者意識，讓病人自己提升體內的免疫力，藉此協助病人恢復健康。

所謂的「科學方法」雖然被視為解決問題的正確標準方式，但是也僅限於物質文明下的科學；由於人類對精神醫學（即意識和心智）的研究仍未臻完善，因此尚無法建立符合社會要求的判斷基準。因此與我對談時，對手難免會拋給我：「稻盛先生，你提到意識，但是這並不符合科學，十分怪異！」這樣的結論。

然而意識並非完全與科學無關，曾有人在著作中強調，所有的現代化科學都是意識的產物。例如，因為有「想飛翔在空中」的念頭，形成意識，經過無數次的努力終於發明飛機，因此我們可以判定：科學在最初時也是由意識衍生而來的。

我也認為，無論物質文明或科學的根本都來自意識。已故的京都大學名譽教授田中美知太郎，是日本戰後極具代表性的哲學家，他曾說過：「所有的發明或發現，是已經被證實的科學，然而在此之前卻屬於哲學的領域。」例如，伽利略的地球自轉理論，起初提倡時引起基督教會激烈的排斥，一直到最後證實「地球的確是自轉的」之前，這項事實仍然被視為是人類哲學或信念而已，並非科學。由此可證，「心智的作用」也就是意識的存在，才讓萬物開始運作，對人類而言，意識極其重要。

如此重要的「意識」，其定義為何？

就生理學角度分析，無論意識、意志或思考都出自腦細胞的作用；但我認為除此之外，也包括人類與生俱來的意識和意志才合理。

話雖如此，我也無法提出確切的證據，只是由兒童發育的過程中，我曾觀察到一些不可思議的現象。例如，隨著生物學上描述的成長，孩子的腦細胞變得發達，也產生智慧，接著能夠像成人一樣說話；但是有時候，在他們成長和學習語言的過程中，卻能夠說出父母、老師或周遭大人並未教給他們的事物或概念，這種少年老成的現象如果發生在不到三歲的小孩身上，父母通常會很訝異，而這樣的例子也非少見。

雖然我了解這可能被視為非科學的思考，但是根據以上的觀察，我認為孩子們的成長，除了依據腦細胞的發展學習知識之外，也有可能是一些「原本就存在的東西」讓孩子們說出那些話吧！也就是說，平常我們是根據腦細胞的指令，嘴裡才會吐出想說的話，但是偶爾也會因為「原本就存在的東西」給予腦細胞刺激，而說出某些話，這樣的可能性也應該存在。

就算這種可能性存在，到底「原本就存在的東西」所指為何？我認為就像方才提及的，它就是形成人類根源的宇宙意志。在人類有輪迴轉世的前提下，我相信人類會承襲過去的經驗和意識，這些過去的意識應該也是「原本就存在的東西」。

人類將自己承襲的經驗和意識寄放在父親、母親的精子與卵子當中，由於深深地潛藏於內部，表面上無法看出。然而有時在不經意的情況下，就像突然湧現的山泉水般汩汩流出，這也是為何有些小孩能說出父母未曾教過的話。

這樣的道理也能用來說明「良心的呵責」或「良心發現」等現象。人類自出生到死亡一直在累積經驗，而腦細胞的工作就是不斷在反應這些經驗。因為大腦的作用，人類才有喜、怒、哀、樂的行為反應。

我想「良心的呵責」或「良心發現」，其實是來自過去累積的「原本就存在的東西」，也可以說是承襲自前世的人格特質。當提出指責：「這樣的行為不奇怪嗎？」腦細胞的意識就開始產生反省：「糟糕了，大事不妙？」這不就是所謂的「良心的呵責」或「良心發現」嗎？

我將宇宙意志和前生形成的人格，再加上此生獲得的經驗，總稱為人的「意識體」，也就是靈體。人類的肉體毀滅——通常稱為死亡的時候，人類的意識體會脫離肉體。

當我往生迎接死亡時，如果被問到：「你此生到底有何作為？」我會如何回答？或許我可以說：「我曾創辦京瓷（Kyocera），是一個大企業。」然而如果人只有意識體而失去肉體時，這些東西根本不代表任何價值，就算擁有幾千億的財產，也不具備任何意義。

那麼，什麼才具有價值？我認為是一個人此生所擁有的人格、人性、靈魂或意識體；因為只有這種東西不會隨肉體死亡而消失。我也認為，往生時能得到「你一生努力不懈，不斷提升自己，直到擁有如此高尚的品格」這樣的風評，才是人生最大的價值。總之，我們為何生為人？理由很簡單，就是要利用此生提升自己生為人的品質。

也有人將「提升人性品質」用各種不同的語言表達，例如「讓心更單純」、「讓心更美」、「讓心具有更豐富的思維」等，然而我覺得「讓心智提升到更高的境界」的說法更加適當。

因此，我們可以用一句很貼切的話形容人生：「人生是提升心智的過程。」至於事業成敗、生重病或健康與人生的關係稍後討論。總之，人生只是宇宙造物主賜給人類用來提升心智的修練場，也就是佛教所說的修行道場，別無其他。而我們眼前這一世所經歷的全數體驗，也都是宇宙造物主為了塑造我們的人格，利用種種不同的道具給予我們的訓練而已。

例如就創業者而言，沒什麼比事業上軌道、企業成長更令人期待了，但是我並不認為事業失敗、讓企業倒閉的人就代表其人生是失敗的。而是造物主為了協助個人向上提升自己的人性，製造很多窮苦潦倒的窘境給人類，考驗大家是否能在逆境中繼續奮鬥，並保持屹立不搖的意志。

雖然這樣的考驗都是基於造物主的愛，但是也有人在遭受打擊時意志動搖或崩潰，或許也有人最後走上自殺之路。當然一定也有人能勇於面對眼前的悲劇，接受現實並透過層層關卡的努力，因而不斷提升自己的人性。

事實上，並非只有失敗才算考驗，成功也是一種試煉，宇宙造物主也會利用讓人成功來考驗人。

例如有些人成功，就覺得自己很了不得，態度變得令人討厭，表示其人性墮落了；也有人成功時，同時領悟到但憑自己無法有此成就，因而更加努力，也因此進一步提升自己的人性。

無論成功或失敗，都是造物主給的功課，而造物主就此觀察人類如何去克服兩者帶來的考驗。真正的勝利者無論在成功或失敗的過程中，都能利用造物主給的機會，磨練出純淨美麗的心，不能利用機會的人才是真正的失敗者。

例如有名的海倫凱勒身上背負著「瞎、聾、啞」三層痛苦，照理說她如果因此埋怨父母、命運甚至上帝都不為過，或許擁有和她一樣遭遇的人，之中也有人會發出：「我又不曾做過壞事，為何會遭此惡運？」這樣的悲鳴，甚至因此含恨、抑鬱而終。

但是海倫凱勒卻在該怨恨的時候，漂亮地克服考驗，並且用更大的愛心去照顧那些比自己更不幸的人，在她生命過程中塑造出偉大而優美的人格。

此外，如果閱讀過年輕殘障作家乙武洋匡[1]的著書《五體不滿足》，一定會被乙武的陽光個性所吸引。他的父母足為典範，而他本人的靈魂更充滿光芒，他面對任何情況都心存良善意念，不服輸地奮鬥與努力。

宇宙的造物主將種種考驗，加諸在人類身上，然後觀察他們如何面對考驗、提升自己的心智、淨化自己的意念。就此點而言，人生可以說是專門為心的修行而設的道場。

釋迦牟尼佛針對人生有「諸行無常」的教誨，意思是所有的東西是無法維持不變的；在千變萬化中充滿各種艱難的考驗，也因此他認為人生充滿痛苦。

釋迦牟尼佛所言的「苦」，包含的不只是前面提到的失敗或苦難，也包括成功；因此就某種角度而言，成功也是一種苦難，人類必

1　乙武洋匡一九七六年出生，剛出生時，就被醫生判定為「先天性四肢截斷症」。後來他畢業於日本早稻田大學經濟學系，曾擔任公務員的工作，他還積極到各地去演講，推動「無障礙空間與心靈」的公益活動。

須朝正確的方向努力才能克服這種苦難。假若不能理解這層道理，即使成功還是無法滿足，結果沉醉在無窮的欲望中，那才是人生中的大不幸吧！

第4章

造物主

祂的存在似乎只為考驗人類；我想多數人將祂稱做神。日本人更有趣，所有神話中的造物者，包括促使國家誕生的人，都稱之為神。

我不在意人們一定得將造物主稱做神與否，但是據我了解，現代人似乎很難接受「宇宙的一切都是由一位全知全能的神所創」的說法。於是因人而異，有人寧可稱之為「某種偉大的存在」。感覺上這樣的稱呼和一般人稱呼的神——一個特定的神有所不同，會這樣稱呼是因為相信「不知道祂是什麼？只知道是一種偉大的存在」，也因為相信宇宙是由祂創造出來的。

事實上將造物主稱為「某種偉大的存在」的人是一位諾貝爾獎得主，也是一位科學家，不過屬於科學家當中的少數派；大多數的科學家還是會認為如此的假定並不符合科學的原則。然而如果沒有這樣的存在，我們也很難說明宇宙的存在啊！

也就是說，宇宙間必定有某種東西存在，才能形成如此浩瀚的大宇宙吧！不這樣想就很難解說這個世界的架構，如果否定這個存在，只承認現有科學能證實的物質，我敢說世界上多數、甚至一切東西都將變得無法理喻。

但是我口中的造物主也好，某些人口中「某種偉大的存在」也好，或絕大多數人所認識的神也好，總之，是一塊對人類而言還是很陌生的領域。

宇宙已經是實際的存在，大家也理解必定有某種東西創造了宇宙，但是到底誰是造物主？祂居於何處？長相如何？根本無人知曉。因此我想，只要心中知道有這種存在也就夠了。

假如將人類的身體視為整個宇宙的縮影，則地球猶如身體中的一個細胞，個人則只是某個細胞中的一個微小元素。若要細胞中的一個小元素去理解整個身體的組織，的確有所困難。

現代人用天文望遠鏡時時刻刻在觀察宇宙，想一探究竟；然而縱使人類能了解宇宙全貌，可能還是無法理解宇宙的造物主到底是誰。就眼前來看，人類連宇宙都還不了解，更不可能了解造物主。總之，我想強調的是，如果人類無視宇宙之間有「某種偉大的存在」或所謂神的概念，或根本不承認祂的存在，在此前提下也不可能解說宇宙的真相。

假設宇宙是由造物主創造的，接著人類也誕生在同樣的宇宙中，也許有人會想到：「造物主是絕對的存在，是否也因此掌控所有的宇宙萬物呢？」例如當人類思考的時候，到底是基於自己的意識在思考，還是宇宙意識的作用讓他思考呢？

我認為有關這項問題，不妨認定是「基於自己的意識在思考」比較容易理解。

造物主只給予人類最原始的意志，也就是「萬物皆朝更幸福美滿的方向進化、發展」的意志。既然宇宙是千變萬化，沒有固定樣態，在事物有如萬丈波瀾、此起彼落的世界中，偶爾發現在A身上發生了X事件，在B身上發生了Y事件，我們無需思考這樣的現象是否因為造物主讓X事件發生在A身上、讓Y現象出現在B身上，因而認定是造物主有意的安排；我認為這只是隨機、偶然的現象而已。

我們不妨將遍布在寰宇之內的宇宙意志稱為「愛」，造物主就用這種單純、美麗的愛包容萬物；但是同時也給我們「自由意志」這種東西。

換言之，造物主並未用有形的方式掌控宇宙間事物的運行，只在人類的靈魂中植入屬於祂的根源物質，然後就讓人類自由發展。所謂的「自由」，對人類而言是非常重要的東西。隨著這種自由，人類可以自由地行善，也可以自由地做惡。

當我們自由地從事行動時，其實只是執行腦細胞的指令，而在所有的指令中最具優先權的就是釋迦牟尼佛口中的「煩惱」。此處的煩惱是指人類為保住自己的肉體，自然而然產生的欲望和本能。

隨著生命的誕生和持續地進化，動物為了生存和保護自己的身體安全，自然會具備各種防衛本能，其中一種本能就是欲望；例如為了維持生命現象養成食慾、為了留下後代子孫所產生的情慾，皆屬於此種欲望。加上人類擁有自由，自然而然就會隨著欲望展現各種行動。

這樣的欲望具有重大的意義。假如所有人類都像印度聖雄甘地一樣「即使被殺也不反抗」當一個非暴力主義者，我擔心人類也有可能因而滅亡。

自然的現象是，人類為了維持生命與肉體的存活，甚至維持種族的存活，即使看到他人只要一碗飯就滿足，自己往往想要拿到三碗以確保食物無虞；此外也會追求異性，產生想繁衍眾多子孫的欲望。這些都是人類為了生存必需具有的欲望。

人類在擁有肉體的前提下，自然產生了以自己為重、想全力保護自我的欲望，這種欲望的作用與造物主毫無關連，而是隨著人類自己內心的煩惱而展現。

換言之，造物主用愛懷抱一切，讓宇宙全體朝好的方向發展和進化；因此大體而言，宇宙整體正朝好的方向不斷進化。但是由於造物主給人類自由意志和肉體，人類有時也會朝自己想要的方向進化。

因此宇宙間不可能因「沒辦法」而放棄進化。因為人類既可以朝造物主給的方向，也可以朝自己的方向進化，其原動力則是「提高心智」的意識。

然而放眼周遭，依然有很多人蒙蔽心智，終日追求欲望。世界已經走入如此富足的時代，物質文明已經非常發達，可惜人類還是不滿足，理由就在於人類的欲望也跟著不斷擴大。

因為人是自由的，可不受攔阻地追求欲望，但是那只是個人的目標，並非宇宙的目的，更嚴重的問題是，這樣只會破壞而不能保護地球。

我們如果考量地球環境就應該了解，除了控制自己的欲望和地球上所有生物共存共榮之外，人類並沒有更好的路可走。總之，知足和控制欲望對人類而言是必學的功課。

以上說的功課，其實也就是所謂的「智慧」。而這樣的智慧是人類與生俱有，被造物主藏在祂給萬物的「愛」裡面的。有很多認真修行的宗教家，透過宗教的修練可以覺察到這些智慧。此外，關心地球環境的智者人數增加，對人類的進化也有實質的幫助。

第5章

欲望

有人認為人有「原罪」，乍聽之下，這種想法似乎與「人是最有價值的存在」相斥，然而事實並非如此。

根據佛教的說法，煩惱是罪惡的根源，有所謂的六大煩惱：貪、瞋、癡、慢、疑、見。

首先提及的「貪」，由字面就可理解，指的是想將一切納為己有的貪心；「瞋」則是因個人內在驕慢膚淺，而容易引發憤怒言行；「癡」是在無常的世界中妄想永恆不變，當事實與自己的期待有出入時就顯露出癡愚，發出不平不滿的抱怨聲；「慢」是傲慢不遜的心；「疑」是懷疑真理的心；「見」是用負面的觀點看待諸事的心。六大煩惱之中，又以「貪」、「瞋」、「癡」為人類慣常煩惱的根源，稱之為「三毒」。

釋迦牟尼佛提及的六大煩惱，其實也是人類生存上必須具有的本能，沒有這些本能，人類可能就無法保護自己肉體的安全。

例如「疑」之心；日本人喜歡用「深深懷疑」或「心思深沉」的字眼形容人的多疑。在原始的世界裡，沒有尖牙利爪的人類想在叢林中存活，唯有儘量用心去思考和行動，以防範突如其來的危險。

而如果有食物時不趁機吃飽，不知何時才能獵捕到下一餐，不留意的話可能被迫絕食十天半個月，因此人類逐漸養成不只吃一餐的份量，最好連明天的食物也一併享用的貪心；由此可以了解，貪心本來也是出於人類自衛的本能。

總之，「煩惱」是造物主初始之時配備給人類的智慧，為了讓擁有肉體的人類能夠自我防衛；只是有些人擅自濫用了這種智慧，並利用造物主給的自由來做壞事。

因為是自由的，所以將自由發揮得淋漓盡致，以一句「只要我喜歡，有什麼不可以？」讓自己的欲望全數付諸實行的也大有人在。然而自由如果無限制地擴張，結果就是變成日本人口中「比誰都貪婪」的族群；其實欲望本身並非罪惡，憑著欲望毫無節制地為所欲為才是罪惡。

因此，人類有必要適當地控制一己的欲望，以免造惡，於是佛教呼籲人應該持守戒律，也就是六波羅蜜（「波羅蜜」為印度話，意為「渡到彼岸、事做好了」，在此指六種菩薩的行為）中的「持戒」。持戒之外，佛陀強調人應該要「布施」，也就是幫助別人。所謂布施是指用慈悲心對待宇宙萬物，協助它們生存發展，這也是源自造物主最原始的愛的行為。

佛教教人用持戒來控制自由和欲望的濫用，並且布施於人，能做到這樣就稱為走菩薩道。相對地，如果任由煩惱帶來的欲望滋長，便可能變成危害人群的惡魔。

總之，人類同時具有善、惡兩面本質，可以晉升成為優美的佛，也可以墮落為窮凶極惡的魔。

這個世界可以說是為了讓人淨化「心」而設的修練場，透過修行提升人性，創造更優美的人格，也是人生的目的。同時擁有煩惱和自由的人類，很容易就墮入極惡的魔道，為了防止人類墮落，釋迦牟尼佛特別提出「六波羅蜜」開釋眾生，提高人的心智並走入菩薩道。

剛才敘述的「持戒」和「布施」是前兩項方法，第三項則是「忍辱」。眼前的世界是個無常而且變化萬千的世界，忍耐和因應這些變化以強化自己的心智就是忍辱的真義；似乎世界的無常和變化才算是常態，人類每每遭受災難、病痛和各種苦難，能否忍受這些打擊對人類而言極其重要。

第四個方法是「精進」。地球上所有的生物都拚命地求生存，無論是植物或是動物界小小的昆蟲，自然界裡幾乎找不到懶於生存的生物；即便是路旁的雜草，無論被酷暑包圍或處於嚴冬，也要努力不懈地延續生命。似乎只有人類例外，總想過閒散的生活，但是從整個自然界努力求存的法則來看，人類實在沒有理由不付出更多的努力。

除了時刻「布施」、「持戒」、「忍辱」及「精進」，有時不妨透過坐禪穩定自己的心神，這就是第五個項目「禪定」；時時禪定，就會達到最後的「般若」（智慧），也就了悟宇宙的真理，達到開悟的境界。這就是釋迦牟尼佛留下的「六波羅蜜」。

誠如前面提及的，能夠在生命結束前盡量提升自己身為人類的品質，才是人類最終極的目的。書籍上記載釋迦牟尼佛在他涅盤（往生）之前就達到完全開悟，然而開悟的境界是何其高遠？能夠一口氣達到開悟的人生是多麼幸福，但是可能在數百萬人之中才能出現一個大開悟者吧！

不過也不能因為這樣就產生「再怎麼努力也不能開悟，那麼努不努力不是都一樣？」的思維，因為這種思維是錯誤的。依我的看法，釋迦牟尼佛期待的是，人類能夠盡量淨化自己的心靈，因此人類在往生之前，無論如何都要一步一步地讓自己的心靈傾向更美麗，這件事對人類而言十分重要。

更具體的說法是，多數人種希望在自己離開世間時，讓周遭的人都稱讚自己「那個人品行真好」、「他真是個好人」，並以此為人生的目的和目標。

換句話說，這些人將臨死之前能夠提升多少品行和人格，看成代表自己此生成功與否的人生獎章，至於事業是否成功、是否擁有博士學位、在企業或組織內是否居於崇高地位，對他們而言是沒有價值的。總之，只要想到這些心情自然會變得愈來愈輕鬆。

事實上，眼前不論是否經濟很貧窮、身體充滿病痛，只要下定決心，誰都可以做到讓自己的心多定下來一些，讓自己的人格品質和靈性提高一點。

一般人遇到經濟困難或生病時，心情多少會變得比較慌亂。然而如果能及時改變自己的想法，例如「窮有什麼關係，三餐還有飯可吃就滿足了」，人生觀自然就會遽然改變，生存的勇氣也會接著湧現。

然而也有人一面享受好的生活環境，卻寧可讓自己的心維持在貧乏的狀態，他們只擔心自己的財富是否減少了？這樣過生活的人，再怎麼努力也無法創造出人生的價值和個人的魅力。說句真心話，這樣的人生距離生命真正的目的只會日趨遙遠而已。

第6章

意識與靈魂

何謂意識？當有人用手捏你的臉頰時，你會感到疼痛，這是一種意識。這種意識是腦細胞捕捉到表皮神經的反應，隨之產生「痛」的感覺；人類不但有這種肉體上的意識，也有一種與生俱來的意識，那是一種前世的意識或記憶。

所謂的記憶，是一種被儲存在腦神經元（neuron）裡的東西，然而這又是什麼呢？

記得有一次去參加小學同學會，席間有人說：「你〇年〇月〇日，做了這樣的事……」甚至記得當時老師的表情，這種超人的記憶力讓人驚訝。這些記憶全部被保存在神經元內，提出時難免令旁人心生疑竇，但同時卻又讓人感覺如此真實！

難怪有人不解，因為隨著歲月流逝，人類的腦細胞數量也逐日減少，屬於有機物質的神經元卻能保存五十年，絲毫未受損，這點讓人難以置信。

記憶又是如何被保留呢？我認為是經過腦細胞反應後的資訊儲存在所謂的意識內，因而被保留下來。總之，人類自出生到死亡之前，意識體不斷累積保留所有的記憶。

很多人一聽到「前世」、「意識體」、「靈魂」等字眼便不禁皺眉頭，但是我卻相信靈魂的存在，也相信人類死亡的時候，靈魂或所謂的意識體會與肉體分離。換句話說，人死亡時，內在的意識並不會與肉體一齊消失，感覺上死亡時意識只是離開身體進入另一個空間。

如果將人比喻成電腦，就能更清楚理解意識體的定義。簡單地說，只有硬體的電腦是無法運作的，還需要安裝軟體。對人類而言，肉體如同電腦的硬體，必須有軟體的靈魂進駐以後，才開始發揮「人」的功能。

如此一來，意識不就如同電波，能夠不斷對外發射能量？舉凡古代所謂的以心傳心法門，還有人類的心電感應，或是昆蟲反應大環境的變化對人類提出警訊等，產生這些情況的原理極為相近。

問題在於，人類的肉眼既無法窺見意識這種東西的形狀，也看不到死亡時意識體究竟如何離開肉體及其去處，只能以意識體與宇宙意識既然屬於同一種存在，去想像離開人體後的意識體應該遍布在宇宙之間。

此外我們也能想像，離開人體之後的意識體，將會透過輪迴轉生的方式，進駐到別的肉體之內繼續存在。

書中頻頻使用「意識體」這個語詞，很多人可能認為意識體與靈魂並無差別，為何我一定要用意識體這個詞彙？主要因為「靈魂」這個語詞太過抽象，容易引起誤解。

另外，有關肉體死亡之後，「意識體」會離開肉體，不少記載瀕臨死亡經驗的書籍中都曾提到此等耐人尋味的話題。

例如有人臨終時「看見」自己的肉體橫躺在病床上，醫師觸摸著自己的身體，對家屬宣布：「他已經進入彌留狀態。」病房頓時充滿家屬的哭泣聲，然而那時自己卻想：「我還活著呢，為何哭呢？」這樣的實例並非少見。雖然科學至今無法證實，但因為不乏實例，因此很難一概否定意識體的存在。

我認識的人當中，也有人擁有過瀕臨死亡的經驗。他於半夜心臟病突發倒臥家中，妻子很快叫救護車將他送到醫院急救，到醫院時心跳已經停止。經過三次心臟電擊急救，終於又有生命跡象。

翌日早晨，我接到消息之後到醫院探望他。病人的意識十分清醒，醫生說已無大礙。「好險呢！」他一邊嚷著，一邊告訴我他的瀕死體驗。

他說在家時感到身體不舒服之後就倒地不起，他記得倒下後被送到醫院，自己心臟停了，因此被送到急診室，醫生會診之後心臟仍然停止不動，因而引起醫生和護士之間的驚慌。以下這段話更有趣：「最初覺得身體很痛苦，之後的感覺是愈來愈好，猛一抬頭發現自己不知不覺間走進花園裡散步，這時你迎面走過來，問我：『你在做什麼？』我嚇了一跳，此時正好被電擊，心臟也開始跳動……」這是從他口裡說出來的真實體驗。

根據一般常識，心臟病發倒地、心臟停止跳動，表示意識已經不存在，然而他卻很清楚地記得當時的過程和狀況，也是這項理由，讓我相信人類的肉體和意識是分別存在的東西。理由不止於此，現代醫學也使用所謂的催眠療法，醫學上已有實例顯示，只要用催眠術就可以讓患者增加自癒能力、免除疼痛和增加免疫力。

催眠療法中又有一項方法稱為「催眠回溯」（Regression），是指利用催眠讓人回溯過去的記憶，屬於心理學療法。利用這項療法，可以讓人的意識回到出生時刻，此時甚至出現自己仍然在母親的子宮和產道中的疼痛感覺。利用催眠回溯也可以更往前追溯到出生之前，也就是前世的狀況。

這方面的書籍所記載的實例，都是利用催眠狀態讓人回憶前世的生活實況。例如，前世生在古希臘的人，儘管此生從未去過希臘，進入被催眠狀態時，卻能說古希臘的語言。太多類似的實例可以證實，人類具有可以保存前世記憶的意識體，若非如此，人類也無法解釋以上的事實。

傳說中有一則關於靈媒的小故事。提到靈媒，總讓人覺得有些不可信，但是此人不僅為文學博士，也是日本神社的最高管理者（神官）。他擁有不可思議的力量，當他集中意識進入非常專注的狀態時，便可能看出個人的前世。

據說他曾經為了指點某位信徒的煩惱，使用過這種能力；描述對方前世的身世，包括他所屬的的豪門姓氏，以及因為在某場戰役中殺過人，因此面臨眼前的禍端。

但是由於正史並未記載那場遙遠的戰役，因此他的說法無法立刻取信於人；直到數年之後，因為闢建高速公路，意外挖掘這位靈媒所說的戰場遺跡。靈媒竟然能說出連歷史都不曾記載的事跡，這件事不僅讓歷史學家感到震驚，也為日本的野史加添了新的一頁。重點是，假如人類不具備能記憶前世的意識體，就不可能出現所謂的靈媒和靈媒口中的神奇故事。

再舉個身旁的例子。我也是為人父母，有時難免會發現，自己的孩子講出不像自家的孩子會講的話。孩子的某些外觀特質承襲自父母，臉形五官也有些近似，有些習慣和言談內容也和雙親一致，但是偶爾會出現讓父母覺得和自己相差十萬八千里的言詞，此時不禁讓人懷疑：「這小子是我的孩子嗎？」這樣的事情偶爾會發生。

此外，如果同時擁有三個兒女，往往三個人的個性都不一樣，為何用同樣的方法卻養育出不一樣的孩子，這種現象常叫人納悶。孩子之間並非只有某些地方有差異，往往是根本完全不同。

兒女之中難免有性子猴急的小鬼頭，但是他的兄弟手足卻是個性穩定自在的人。也有人「歹竹出好筍」，生出能力比自己強很多的下一代。

為何會發生這種狀況？我認為這是具有前世的經驗的意識體，在未出生前就已經進入新生兒體內的緣故。

有關人死後到哪裡去的疑問，三十年前一位前大阪大學的教授就曾著書討論。他說，人死後靈魂就像病菌一樣浮游在空中，曾經有戶人家生出和死去的祖父十分神似的孫子，就是因為祖父的靈魂變成像病菌一樣的浮游物質，然後進入新生兒體內重新誕生為人。

這樣的說法很有趣，但我無法採信。我相信是因為人活著的時候，遭遇各種經驗和試煉，並將這些記憶積蓄在意識體裡面，等到死後，意識體再度轉生到別的個體。

為何人會轉生呢？我想是因為人類認為前一世的自己不夠完美，想再生而為人，再度磨練自己的心智，使之更趨於完美，因此才需要轉生。

例如，有一個意識體原本想出生在有錢人家，期望呱呱墜地之後在家人的呵護下好好修行，自由自在過日子。結果反而終日被煩惱、欲望困住，臨終之前才發現自己的人格品質比孩提時期更糟。於是其意識體再度反省並發願，希望再度寄宿在新生命中，重新修練自己。

就這樣，人類不斷地轉生來提升自己的人性，再慢慢地鍛練出高尚的神性，到達所謂如來的等級；根據佛教的說法，到了如來的等級就不再輪迴轉世。

因此，意識體並非停留在某一個個體，它不斷移駐到下一個「我」的身體裡，藉此提升自己的心智、品德和人格，因此我們不只對此生的自己有責任，對來生的自己也要負責。

第7章
科學

現代的科學家都相信，無論是動物或植物，在進化過程中如果環境突然轉變，只有對新環境適應力最強的可以存活下來，這就是達爾文「適者生存」的進化論。我不是專家，但是我想就達爾文的進化論提出不同的看法。

日前有位京都大學的原子物理學者兼宇宙物理學教師也提出達爾文的理論，當時我就昆蟲的擬態（偽裝）本能提出個人的意見。

我說：「有一些昆蟲的身體看起來就像是一片枯葉或枯枝，據說是為了適應環境產生的突變，以利存活，但是世上也有不需要變成和枯葉一樣就能存活的昆蟲，即使有此必要，也不必相像到這種程度吧？」學者回答我說：「那是經過超乎人類想像的長遠時間才演化出來的。」這是根據「或然率」的說法，於是我又提出不同的看法：「難道這不是昆蟲面臨天敵、生死一線間的生命危機時刻，發出強烈的意念所造成的嗎？或許牠想到如果能立刻變得像枯葉一樣，就能逃過一劫，難道不是這種意識導致ＤＮＡ產生突變嗎？」

科學不斷進步，不就是那些先趨的科學家們「想做這個、想研究那個」的意識活動導致的結果嗎？如果科學就像我說的，也是意識作用的結果，那麼生物的進化不也可能是意識的產物嗎？

有些分子生物學家認為，人類的ＤＮＡ是自私的——一心只想讓自己的品種存活下去。問題是，將面臨環境衝擊時ＤＮＡ突然轉變的偶然因素，當成整個物種的進化原理來看是不合理的；還有一些案例顯示，有時候ＤＮＡ偶然地產生少許排列上的變化，結果導致人類罹患癌症；然而事實也顯示，人類的意識足以改變ＤＮＡ的排列，並且導致癌症發病。

我認為ＤＮＡ產生突變並非完全基於外在的因素，意識體或意識等內在因素的影響也會導致ＤＮＡ的突變。例如，根據進化論的說法：「大象的鼻子長是因為長期適應環境所造成」，如此說來，長期和大象共處一個環境的其他動物應該也一樣，為什麼只有大象是長鼻子？

再看看大象用鼻子將食物送進嘴裡的樣子，其實並不是很方便，就算為了適應環境，感覺上也不需要這麼長的鼻子吧？因此我懷疑大象的鼻子長，難道不是因為牠想要有個長鼻子嗎？

長頸鹿的情況也一樣！如果是為了吃大樹的葉子，長頸鹿的頸子才變長，附近的動物也應該出現類似長頸鹿的頸子，但是放眼非洲的熱帶大草原，頸子長的動物卻只有長頸鹿而已。

再回頭看看人類世界，我們不是也經常嚷著「我想做這個」、「我想做那個」嗎？因為這種意識，所以我們才不斷往前進步。

此外，人類有所謂的「職業臉」，例如，刑警有刑警的眼神、小偷有小偷的神色，這是因為職業意識帶來外貌的改變。記得小時候就常被教導「相由心生」，意思是說，人如果不經常保持漂亮乾淨的心，容貌也會變得很醜陋。

這裡的心，也就是我所強調的意識，意識的改變可以影響DNA，也是我想強調的重點。

DNA的改變可以是短時間內、瞬間的改變，也可以是長期累積的結果。例如昆蟲的擬態、大象的長鼻及長頸鹿的頸子，應該是屬於長期間受意識影響，逐漸演變的結果。

我的想法似乎擺明了挑戰達爾文的進化論，也很容易被戴上「不科學」的帽子，但是我一方面認為進化論不一定完全正確，另一方面也相信現代科學應該可以證實這些新的立論，因此提出來討論。

再者，現代社會一味地強調科學，任何事物都只能用科學的角度去解釋，但是為了創造更先進的人類與社會，是否也應該設法善用哲學理論呢？這樣的思維幾乎是被人類遺忘了。

我認為凡事並不必然從是否符合科學這個唯一的角度著手，只將符合科學原理當成首要原則，而應從「對人類和宇宙而言，何種思維方法是必要的」的角度去思考。

可惜科學界至今仍未出現有關這種思維的理論，即使有人提出來，也會立刻被評為「不科學」，繼續被忽略。如果科學界依然不改變這種態度，我認為所謂的現代科學很難引導人類走向真正的真理。

例如，人類最初發現原子時，認定原子是世界上最小的物質；到了粒子被發現時，打翻了原子最小的見解；研究繼續進行的結果，目前又發現比粒子更小的物質，即夸克（quark）。

事實顯示，現代科學已經證實的真理，未來還是可能被推翻。因此所謂的科學只不過是「目前能力所及所了解的有限事實」罷了！我們無法用科學正確解釋所有的現象，也無法確認已經被科學證實的事物就是唯一真實。

擁有博士頭銜的麻醉專家青山圭秀曾經在他的著作中提到，科學方法尚無法說明整個麻醉的原理。為何用了某種藥物之後，人類的感官會停止運作，雖然在醫學上已經正式承認這樣的醫療行為，但是就理論方面而言，仍有很多疑點無法解釋清楚。

就麻醉而言，最簡單的反應就是人類因此失去痛感，這種感覺可以說是構成意識的基本要素（也是機能），但是至今為止科學仍然無法說明此種反應的原理。

此外，有關精神療法方面，聽說使用抗憂鬱藥物可以達到類似的效果。也有實驗顯示，用麵粉代替感冒藥給病人服用，結果竟然有三分之一的病人因而康復。我認為這是因為病人都具有「吃藥可以治病」的意識，正是這種意識讓他們恢復健康。

然而，以現代科學的研究方式，想要探究意識的真相是不可能的。科學界最怪異的地方在於，不但無法及時建立一套可以研究意識活動的方法，一遇到與意識有關的問題，就毫不考慮地搬出「這不符合科學原理」的結論，立刻把問題丟開。

即使科學界很努力地鑽研一些小小的研究，確認一些理論並彙集成冊，仍然對全盤了解意識沒有幫助。就像很努力地製造零件，並將所有的零件拼裝成一部機器，結果拼裝出來的機器可能可以運行，也可能動不了。換句話說，要製造一部機器，首先應該全盤的理解這部機器的功能，才能開始著手進行。

就此觀點重新考量科學界對意識的研究時，我們必須先將人類和宇宙視為整體，再作全面性的觀察，也有必要從造物主（即宗教提及的上帝或神）的角度來看這個世界。

研究時必須考慮，單從小地方著手，無論如何研究，也無法理解全貌。我覺得現代的科學界和科學家們的研究多流於見樹不見林，我認為現代社會更需要的是從造物主的角度來看世界，也就是環視整個宇宙和人類的問題之後，再認真考慮，人類到底要如何思考，才能讓這個世界變得更美好。

第8章

人類的本性

偶爾總是有人問：「人性本善還是人性本惡？」於焉展開「性善說」與「性惡說」的辯論。我對人類本性的看法則是「既非善、也非惡」。

誠如我前章提及的，人類藉著肉體來到這個世界，也為了維持肉體的需求，產生所謂的七情六欲、六大煩惱，同時擁有行動和思想的自由。

煩惱是由欲望衍生出來的，其中「吃」是最原始的欲望，也是最需要優先滿足的欲望。得不到糧食就無法維生，因此大多數人都把自己有得吃、家人能飽食視為最基本的幸福。

然而人類並非獨自生存或只和自己的家族一起生活，即使生活在叢林裡，或是人多一點的社會，都有人和自己比鄰而居。

由於每個人都是自由的，也都想滿足自己的欲望，難免擔心隔壁人家會不會藉機奪走自己的糧食；相反地，有時也會想，如果自己能多拿到一些糧食，將是多麼幸福，如果任自己的欲望發展成行動，很可能就侵犯他人、造成他人的不幸。

當人類以實際行動去追求過多欲望時，其人性就是惡的。也就是說，因為自己擁有自由，就濫用這種自由，結果強壓周遭的人，讓他人承受不自由。歌頌自己的自由時，忘記別人也有他的自由，人類常常會因為強調自己的自由，在不知不覺中對他人造成傷害。

還有一種人被視為罪大惡極，他將自己的自由擴展到最大極限，心中只想到自己，沒有他人的存在，因此所行皆惡而不自知。由於這種人並沒有意識自己有犯錯，因此讓碰到的人更加害怕。

釋迦牟尼佛知道，人如果毫不掩飾自己的本能地過活，太自由的結果一定會犯錯、做壞事，因此開宗明義就教大家「控制本能」、

「抑制欲望」、「知足」和「持戒」。

誠如佛陀的教誨，一個人如果能控制本能、抑制欲望，就不會做壞事。這樣的人不僅可以控制本能和欲望，甚至可以積極地幫助別人往好的方法走，有這種心的人就是本性善良的人。結論是，人類依據本身的意識和行為，既可以往好的方向前進、也可能往壞的方向發展。總之，只要人活著並且擁有自由，就有可能做出壞的事情。因此不妨摒棄人性本善或本惡的發想，理解人類既然擁有自由，就可以用以行善或做惡，這才是真相。

如果人類懂得提高自己的心智，也就是控制欲望、積極服務眾生，就會往善的方向發展。換句話說，如果能秉持這種意識，努力持戒或是做利他的事，並且提升自己的心智，自己的人性就能夠不斷朝好的方向改善。

在本書前面章節我曾提及，人類的存在本身就是一種價值，因此，即使一個人做壞事，也有其存在的價值。不過這種價值就如同無生物或植物一般，因為是構成宇宙萬物的一部分，只是具有存在的基本價值。

例如植物中的藤蔓，成長時自然會攀附在別的植物上，進行光合作用並吸取養分，結果迫使被覆蓋的植物枯萎死亡。動物世界也一樣，有一些肉食性動物為了自己的生存，必須獵食其他動物。總之，這一類的存在為了自己的生存，就必須犧牲對方。

這樣的情況本來不是惡，這只是自然界的生物努力延續自己生命，未考慮到對其他生命的影響，自由覓食、生活的結果。雖然犧牲了其他的生命，但就某種層面來看，這也是因為動物努力在大自然中求生存所致，因此我認為可以容忍這樣的行為，而不將之歸為惡行。

眼前的人類正在承受現世報，因為人類對地球和其他的動植物濫用自由，對大自然造成很大的傷害，因而正在承受更大的懲罰。地球環保問題的出現，讓人感覺到，大地正在對人類呼喊著：「醒醒吧！人類。」

我也曾強調，具有思考能力和心智的人類，可說是地球上最具價值的存在，這樣的說法並不過分。人類居於萬物之首是無庸置疑的，所以人類的思想和行動會對萬物造成各種影響，如果人類散發錯誤的思想、採取錯誤的行為，都將帶給猶如萬物母親的地球莫大傷害。

因此，對於人類我們要求的是：做為最具價值的光榮存在，也應該付出等同的責任。

然而現實情況卻是相反，人類不僅不盡責任，還不斷踐踏其他的生命，殘殺其他種類的動物、破壞所處的大自然，最讓人質疑的是，為何人類可以心平氣和地做這樣的事？

就我的觀點而言，把人類說成「與其他生命或其他動物相同的存在」是低估人類存在的價值。我想強調，人類具有最高的存在價值，所以應該儘速自覺到自己的榮耀和伴隨榮耀而來的責任，我們人類應該改變對自身的看法才對。

最近也有人開始覺醒，並且開始提出警告，很多人會自省：「既然生而為人，多少也為世界上其他的人盡點心力吧！」他們希望能積極地貢獻自己的力量給社會。

人類是地球上唯一能夠「全盤思考地球事物」的生命，其他的動物或植物皆無此能耐。也因此人類是具有特殊價值的存在，對人類而言，盡全力為世界的進化而努力，才是人類最重要的使命。

第9章

自由

第9章　自由

歐洲人的善惡觀是世界上有兩種存在——神與惡魔。惡魔專做害人的壞事，神的任務則是拯救人，他們認為這個世界就是在神與魔、善與惡的矛盾中誕生的。

孩提時期我也相信這就是事實，但是有一天我突然發出以下疑問：如果神真的是一種美好的存在，為何祂會創造惡？

有一種說法是：惡的存在是為了讓人類持戒。神只具備善良和美麗的本質，如果世界萬物都像神一般善良、單純，將是多麼美好，為何還需要惡呢？我的腦海中一直有這樣的疑問。

直到有一天我突然領悟到：「惡」難道不是由人類自己製造出來的嗎？有了這項答案，心中茅塞頓開。換句話說，世間本來沒有惡，惡是人類為了存活，做出一些不好的行為，因而累積出來的結果。

那麼人類又為什麼可以做壞事呢？我認為答案就是「自由」。自由是人類能自成一格地活著（人之所以為人）的基本因素，就人的本質而言，自由很重要。但是對人類而言至為重要的自由，同時也是讓人類作惡的理由。就像前面提到的，人類往往為了爭取自己的自由而帶給別人不自由，就在人類歌頌自己擁有的自由同時，也創造了罪惡的陰影。

為何令人尊敬的自由也可以變成作惡的理由？其實就像廚房裡的菜刀一樣，有人在某些時候可以將菜刀拿來做為殺人的工具，但平常菜刀只用來做菜給人吃。因此我雖然覺得自由是值得歌頌的東西，但行使自由這項權利時非得十分小心不可。

想到這點時，不禁讓人回憶起最近的社會充滿「負面」的消息。例如，不斷發生十七歲左右的青少年殺人事件，對社會造成莫大的打擊。當媒體將未成年少年犯罪當成茶餘飯後的話題在報導時，帶給觀眾的卻是無比暗淡的心情和悲傷的氣氛。

其實並非只有日本才有這樣的問題，在美國偶爾也風聞小學生帶著槍到學校射擊其他學生的新聞，我認為這樣的情況已經成為工業先進國家的共通問題。

為何原本天真的孩子們也學會了凶惡的犯罪行為呢？我認為主要是因為現在的孩子過分我行我素、濫用自由。在過度自由的狀態下，他們漸漸無法控制欲望，結果就開始犯錯。在物質文明如此發達、社會如此富裕的時代，集三千寵愛於一身、從未被管束的孩子之所以動惡念、做壞事，理由就在於濫用自由而已。

要面對和解決這個問題，最重要的就是「覺悟」。也因此釋迦牟尼佛才會教人以「六度波羅蜜」修練，提升自己的心智，也就是為他人盡一份心力的「布施」、知足常樂並緊守戒律的「持戒」、凡事容忍的「忍辱」、努力奮鬥的「精進」、保持心境平和的「禪定」，以及最後達到的「智慧」。

事實上，在釋迦牟尼佛出現之前，人類早就從自然界學到這些功課。從人類仍然居住在荒野開始，歷經狩獵到以畜牧農作為生的時代，人類一直和生存危機相依存。

那時，如果獵不到動物可能挨餓三、四天，到了靠農業種植食糧時期，雖然生活遠較打獵時期安定，但如果遇到日照不足、農作物歉收，便有更多人因而餓死，這也是很常見的生存危機。

因此在條件十分嚴苛的自然環境中，「不卯盡全力工作，就無法生存」的「精進」精神，宛如真理般重要。

此外，每逢乾旱、大雨、颱風等自然災害來襲，人類就顯得無助。這種無助的經驗帶來「人無百日好，災難來時得忍耐」的「忍辱」精神。

更重要的教訓是，食糧充裕時不可以因此飽食終日，應該節制、貯存以備不時之需，「智慧」因而滋生。

因為自己也可能遭遇苦難，因此鄰居有難時，要慷慨解囊給予救濟，這樣的品格也是在困難的環境中訓練出來的。第二次世界大戰戰後，日本人每當拿到美味的食物，必定會和鄰居們一起分享，這樣的習慣維持了一段時間才消失。

其實這就是「布施」的精神。這種習慣是從嚴峻的自然環境中學到的，透過這種互動，人類充實心智、鍛練智慧，有了智慧才能終止惡行。

但是當人類有了豐富的物質生活之後，就逐漸忘掉了從大自然學得的教訓。兩千五百年前的印度也曾面臨相同的狀況，因此釋迦牟尼佛才將六度波羅蜜這樣的生活智慧，傳授給當時的人類。

眼前的日本，情況幾乎和當時的印度一樣。經濟的富裕，讓人不必很努力也能過一般水準的生活，因此很多人寧可當打工族，不想被固定的工作綁住，多餘的時間寧可用來遊玩，「精進」、「持戒」既和他無關，也不曾思考「忍辱」是何物，這樣的日本人正與日俱增。

也因此，和提升人類心智有關的思維，正全部被社會否定和忽略。我相信經濟比日本貧窮的開發中國家，一定很少出現青少年犯罪事件。

貧窮國度的小孩自幼即得協助父母勞動，貧乏的環境可以磨練人的心智。儘管聯合國憲章中主張，讓未成年的兒童勞動是違反人權的行為，這就某種意義而言是正確的，但是環境考驗和試煉人類的功能性，也值得重視。

導致少年犯罪盛行的另一個原因在於，戰後的教育過度強調「自由非常重要」的概念。前面曾提到很多人因為主張自己的自由，而帶給他人痛苦，但是戰後的日本教育根本未曾提及此點，特別是最近的教育方針只強調自由，認為應該尊重孩子的自主權利。

但是對一個尚未成熟的孩子來說，從幼稚園時代就尊重他的自主性，這種教育方式和放牛吃草有何不同？這種教育的結果，就是培養出一群不管成長到幾歲都無法控制自己欲望的孩子，也因此才會發生那麼多十七歲青少年犯罪的案件。

單就媒體報導和專家的議論，感覺上仍無法了解青少年犯罪的真正原因。我則認為，理由如同前述，因為他們欠缺認真的勞動，也不曾受苦受難、不曾為他人貢獻一己之力，而且讓自由無止境地氾濫。

也因此，我認為唯有教育孩子們控制欲望，並教導他們有效的控制方法，才是當前要務。至少應該教育孩子做到幫助別人的「布施」，以及不做不該做的「持戒」這兩項好的行為。

當然，凡事必須努力的「精進」和面對苦難須忍耐的「忍辱」，也應該讓孩子們自我訓練。釋迦牟尼佛強調的「禪定」，也就是維持心境的平和，雖然也很重要，但是，我認為對青少年教育而言最重要的，還是布施和持戒。

第10章
青少年犯罪

近年來，青少年犯罪的案例急速增加，將鏡頭拉近一點觀察就會發現，犯罪者多屬於品貌端正的少年，家庭背景也不錯。情況顯示，似乎經濟上較寬裕的家庭，犯案的比例也比較高。

回頭看看過去日本還很貧窮的時代，孩子們幾乎天天都得壓抑自己的自由，過著凡事忍讓的生活，那個時候並看不到今天社會常發生的問題。

主要是因為，以前透過成人與成人、小孩與小孩之間的交往，平常就訓練自己做好自我控制。現在的家族和朋友之間欠缺同樣的互動，所以不了解如何控制和控制的尺度，因此才會產生問題。

現代的家庭孩子人數少，爸爸買一個蛋糕回來，往往由一個孩子獨享。相較之下，以往假如一家有五個孩子，就得分成五份，由於很難切出五塊一樣大小的蛋糕，於是最小的孩子吃最小塊，最年長的孩子吃最大塊，如果排行小的孩子吵著要大塊蛋糕，必定會被責罵。

但相對地，家中大掃除時，最年長的孩子工作一定最多，最小的孩子甚至可以作壁上觀。只要家中有兄弟姐妹，就得經常彼此幫助和容忍，從日常生活中學習自我控制。

也就是說，如果家庭中有手足，大家就能依長幼關係建立某種規則，在此規則下自然地訓練。曾有人表示自己「透過吃火鍋，學會不要惡性競爭的經驗」，在家族成員中學會輪番上陣的生活，也學到社會的基本人際關係法則，這樣的學習是極其自然的。

最近經常聽到的說法是「年輕人的心靈荒蕪了」，很多人提出「心的問題」。但是即使人心的問題存在，當問到該如何整治荒蕪的心時，答案不外乎「告訴他們心的重要性」、「給予諮詢」或「醫治他們生病的心」，雖然口徑相當一致，但也充分顯示，沒有人確切知道如何從事心靈方面的教育。

值得注意的是，有人說「開發中國家幾乎沒有十七歲少年犯案的問題」，也有人認為「貧窮的家庭沒有心靈荒蕪的兒女」；照理說家貧的孩子做壞事好像比較合理，沒想到事實正好相反，有錢人家的孩子反而容易做壞事。

翻開日本歷史，明治、大正、昭和三位天皇在位時期，以及第二次大戰結束時，日本的社會很貧窮，因此孩子們如果不工作，家計就很難維持；雖然孩子們總是貪玩，有時也想調皮，但是在父母親的斥責下，還是拚命努力幫忙工作。在這樣的過程中，孩子們學會控制自己的欲望——或許這也算是「持戒」吧！加上理解必須努力工作才能存活的「精進」，透過苦難而學到的「忍辱」，經過層層關卡，因而磨練自己的心智。

總之，貧窮家庭的小孩不得不勤奮工作，而且必須學會控制欲望，更重要的是在苦難中忍耐，這些看似不幸的因素反而導致他們日後的成功。

心田之所以荒蕪，主因是人們忽略了教育孩子們這三種鍛練心志的作業。考慮青少年問題時，首先要考量「如何做才能培養孩子們好的心」，而最基本的教養就是，每個人都應該控制自己的欲望、忍耐惡劣的環境以及努力工作，這是砥礪心志必要的功課，必須將這樣的觀念灌輸給下一代。

如果不教育孩子，只是一味地說：「因為他們的心是荒蕪的，所以才有所謂十七歲少年的問題」，或是嚷著：「因為十七歲少年問題層出不窮，所以應該留意心的問題」，終究還是沒有人願意定下心來好好地思考真正的解決方法。

我曾於前面章節提到，造成青少年犯罪問題還有一個原因，就是現在的學校教育出現問題。首先是「培養自由個性」的錯誤方針，隨著這個錯誤的方針，即使孩子還小，也奉行「尊重孩子的自主性」、「不要教孩子做什麼，而是讓他做自己想做的事」這樣的教育方式。問題是，這種教育方式對鍛練孩子的心智成熟並無幫助。

釋迦牟尼佛說的「持戒」是遵守戒律，也就是「不做不該做的事」，這是理所當然的道理，但是到底什麼是「不該做的事」和「應該做的事」呢？不了解這項重點就無法「持戒」，因此最重要的是要教孩子們明辨是非的道理。

也因此，佛教用「如果做這種事，死後會下地獄」的簡便說法來教人持戒。人們因為害怕，所以提醒自己要努力遵守戒律。

反觀現代的教育，讓一群什麼也不知道的孩子，從小就去做自主、自發的行為，從來不教他們分辨什麼是「可以做」、什麼是「不可做」的事，也就是從來不教導孩子遵守戒律。

有些人甚至認為「孩子很純真，即使不教，他們也能分辨善惡」。我的看法正好相反，孩子絕非如此，他們不具有能控制欲望的能力，他們是充滿我執的動物。

在遠古時代，因為人類在嚴峻的自然環境中求生存，透過生活，大自然教導人類區分「應該做的事」和「不應該做的事」，無法學會遵守戒律者，無法繼續存活下去。

回頭看看現代社會，因為經濟太富裕，大自然的法則反而行不通；也因此我們只能透過教育，仔細而正確地教導孩子們認識什麼是「身為人類，可以做與不可以做的事」。

第11章

人生的目的

一般而言，人類開始實際感覺到自己活在世界上，具有存在意識，是已經有了判斷事物的能力之後的事。從出生到具有此種判斷力之前，人類並沒有意識到自己活在世上。所以在具有判斷力之前，人類只能在雙親的保護下活著，一直到十二、三歲左右，才開始懂得思考人生是什麼？

雖然個別的情況有所不同，但大多數人開始思考人生，都是受父母或師長的影響。因為他們總是在耳朵邊叮嚀：「確立自己人生的目標、立下偉大的志願，然後向自己的目標和志願挑戰。」大部分父母會為孩子規劃「好好地努力用功、考上好的學校、成為偉大的人物」這樣出人頭地的人生，孩子自己也是依父母的期待用功學習。

書讀得好的孩子就這樣努力往前走，在不斷為自己出人頭地努力的過程中，很多人肯定這就是他的人生目標。但是求學過程不順利的孩子，在過程中每每遇到挫折，萬一考不上好的學校，就只能踏進社會開始工作。在一面工作、一面體驗社會百態時，有人不禁開始思索：「只有一次的人生，與其過著長期灰暗的生活，難道不能讓自己過得更有趣、快樂、搞怪一些嗎？」

無論是哪一種人，在不知不覺中年紀愈來愈增長。隨著歲數增長，不管是努力往出人頭地方向衝刺的人，或是想過有趣、快樂、搞怪人生者，慢慢地都會調整自己的人生目標。

為何如此呢？因為開始感受到死亡的威脅逼近自己，也因此開始思索「為了活久一點，得注意健康了」，接下來開始將健康也列為自己的人生目標。

只要和同輩的朋友相聚，話題不外乎「吃這個有益健康」、「這種藥比較有效」、「我最近得了這種病，你要小心哦！」或是「哪個醫生好呢？」等等，顯示他們花更多時間在維持健康。不管是努力出人頭地的人，或是那些追求有趣、快樂、搞怪人生的人，到了這個時候，工作可以馬虎一些，對健康卻絲毫不敢大意。

所謂的長壽，主要是指「肉體維持長時間的存在」。人類想要保護開始衰弱老化的肉體，讓自己生存長一點的時間，多少就會忽略他人，變得自私和執著，心中開始出現「只要對自己有利的就是好的」的想法。

理論上，人過了中年，應該是工作和人際經驗都更臻於圓滿，人格品質也跟著提升到更高尚才對，沒想到對健康與肉體的執著卻取代了這種好的成長。於是人類開始沉溺於欲望，也因而帶來老與醜，我感到眼前的日本正是充滿了這種風氣。

人類生活的方向本來就很分歧，其實，天資優秀的小孩當然可以從小懷抱出人頭地的想法，表現不盡如人意的孩子向現實低頭，選擇自己喜歡的方式過只有一次的人生也無不可。

問題是，即便是出人頭地、揚名立萬，也只有在這一世呀！名譽、地位和財產，在我們往生以後，沒有一樣能帶到另一個世界。連肉體也是留在地球上，就像前面提及的，能帶走的只有靈魂，也就是意識體而已。

再者，無論此生過得多麼有趣、怪異，死了以後也只餘留靈魂，如果那時靈魂只留存一點點「這一生還挺有趣」的印象，我覺得這樣的人生似乎也沒有很大的意義。

我認為人生的意義在於，當我們往生的時候，留下的靈魂或意識體具有真正的價值。活在世間獲得的名譽、累積的財產及建立的地位，是否能成為靈魂的價值呢？或者度過有趣、奇特或波瀾萬丈的人生，是否就能提升靈魂的價值呢？我認為兩者答案皆是否定的。

億萬人類的靈魂共同追求的價值，應是來自於活著的時候為這個世界做出多少貢獻，亦即做了多少善行才是。

提升人性的品質，或者說磨練人的靈魂，對人類而言是非常重要的大事。磨練靈魂也就是提升人性品質，使人的品質臻於完美，這才是人生真正的目的。抽離這個目標，人活在世界上根本無意義可言。

因此，雖然循任何模式都可以走完一生，但無論你走哪一種模式，也都應該衷心理解那是造物主為了提升你的人性而給的路，並因此而感到滿足。

我的想法是，如果父母能在兒女還處於小學時期，就明確地教導他們人生最終的目的是什麼，相信每個孩子都會走向美好的人生。

出人頭地也好、成功也好，只想過有趣的、搞怪的一生也罷，都只是人生的一種過程而已。人生真正的目的是成為一個有品質的人！

我認為應該在孩子們十二、三歲，正要面對人生立下志向的時候，教導他們這種正確的概念。這個時候可能孩子們尚無法真正地理解，但是只要在腦海的一角潛藏著這樣的觀念，到了青年、甚至壯年時期，有一天他可能突然回想起來。能做到這樣，就是達到目的了，教給孩子這樣的觀念也絕不會徒勞無功。

但是就眼前的教育來看，並未看到有人教孩子這樣的觀念。

這種理念本來應該由哲學家提出來，但由於哲學家的理論往往過於艱深而不容易理解，因此哲學家無法直接面對青少年解釋人生的目的和意義；我認為宗教家雖然也有責任教導人們認識人生，但是事實上他們也沒有做到。

為什麼這個時代會被視為心智喪失的時代，或被認為精神提升無法趕上物質發展的時代，原因就在於此。

那麼，為了提升人性，人類到底應該如何努力呢？因為這些重點太重要了，請容我一再重複敘述。

第一，為人類盡一份心、為世界盡一己之力的「布施」。

第二，克制自己，壓抑我執、自私之心的「持戒」。

第三，在世事無常、大起大落的人生中忍耐的「忍辱」。

第四，全心全力勞動的「精進」。

我認為這些德行對提升人性而言是非常重要的功課。

釋迦牟尼佛遠在兩千五百年前提出的「布施」、「持戒」、「忍辱」及「精進」，目的就是為了教人做真正的人，讓人類開悟，並得到智慧之道。我認為姑且不論這是否是特定宗教的想法，對一般人而言，都是很實用的生活智慧。

以我個人為例，我總是隨身攜帶簡單的佛教書籍，不論在飛機上或任何場所，只要有空就閱讀；雖然反覆讀過很多次，但總是忘記內容，更別提付諸實行。即使如此，我還是努力不懈，因為我知道自己一定要這樣做，讓心靈時時刻刻專注在這些概念上，這對我而言非常重要。

第12章 命運與因果報應

我認為人生的要素主要有兩項。

第一項是跟著我們生下來的「命運」。例如每個時代都會出現代表性的學者，也許因為父母親優秀的基因遺傳，他們的頭腦聰明清晰，但光是這樣，尚不足以成為優秀的學者。他還要有不生病的健康身體、好老師的支援，擁有足夠做好學問的環境，種種條件匯聚之後，自己擁有的才華才能夠完全開花結果。

總之，一個人能否成為一流學者的決定因素，應該屬於超乎自我意志和遺傳基因之外的某種「命運」的領域。

以政治哲學、人物學權威馳名的已故學者安岡正篤（譯註：西元一八九八〜一九八三年，日本的思想家，倡導王陽明的學說），曾主張《易經》是含括宇宙真理的學問。事實上，中國人自古以來就將《易經》視為大自然的原理，不斷進行研究；西方人則深入研究占星術，並累積很多研究文獻。

無論哪一方面的努力，都是想透過種種研究了解所謂的「命運」。

人類之所以不停地研究命理，皆因為有強烈的欲望，不論如何也想一窺命運的真相吧！

除了命運，形成人生的另一項要素是「善根生善果，惡行有惡報」的「因果報應法則」。人怎麼想，就會出現所想的結果，萬物唯心造，這項法則很重要，只要有機會，我一定會提到這項話題。大部分的結果都源自於人類的想法和行為，這是佛教教義中的「因果報應法則」，這項法則始終與「命運」並行，並形成波浪起伏的人生。

我們可以判定，形成人生的要素，一是人與生俱有的命運，一是人的思想和行為所造成的「業」（因果、業障）；換句話說，

「命運」與「因果報應法則」就像形成人類遺傳基因（DNA）的螺旋梯。更重要的是，「因果報應法則」的影響力或多或少強於「命運」。

因此我們可以運用「因果報應法則」來改變與生俱來的命運。也就是說，如果一心向善、時時行善，命運的方向也會跟著往好的方向轉變。

這並非個人自以為是的看法，安岡正篤先生在他的著書《命運與立命》中便曾指出：「命運並非無法改變的宿命，它是可以改變的。要改變它的話，就一定要知道因果法則的重要性。」

在中國一本古籍《陰騭錄》收錄的《了凡四訓》中，曾提到明朝袁了凡生平的故事。袁了凡本名袁學海，生於代代行醫的世家；袁的父親早逝，由母親獨立撫養長大，母親希望他繼承祖先遺志，繼續當醫生懸壺濟世。

有一天，家中來了一位兩鬢留著鬍鬚的老者，老者說：「我是來自雲南專門研究易算命理的人，來此的用意是天命要我來教一位名叫袁學海的少年學習《易經》；他的母親希望他成為醫生也無不可，將來他會通過科舉考試，成為優秀的官員；在縣考中得到第十四名，府考第七十一名，提學考第九名……，在一次正式科舉大考之前，開始擔任官職，做過許多地方的地方官。他將會結婚但沒有子女，享年五十三。」

結果袁學海真的在少年時期停止學醫，開始朝科舉之路前進；之後的人生也不可思議地像老人所說的一樣，連幾次參加考試和當過什麼地方官，也都被老人說中了。

退休以後，他到南京遊學，有一回前往棲霞山拜訪有名的雲谷禪師，兩人相對坐禪三日。

結束時雲谷禪師誇讚他：「還如此年輕，卻能在禪定時不帶一絲俗念和邪念，我從未見過禪定功夫如此了得的年輕人，你到底在哪兒修行呀？」

雲谷禪師對袁了凡的修行成果十分感動，但是袁了凡卻只能說出小時候碰到老人的經過。

「到目前為止，我的一生一點也沒超出那位老人的預言，一切就如同他的描述。我既沒有子女、也可能很快就會在五十三歲往生吧！所以我想我已經沒什麼可以思考和煩惱的事了。」

沒想到雲谷禪師聽完他的話卻大罵他一頓：「我以為你是個開悟的大丈夫，沒想到你是偌大笨蛋！」接著告訴他：「老人雖然告知你的命運，但是命運並非不可以改呀！」他並提到如果行善就會出現好的結果、做惡就會產生壞結局的「因果報應法則」。

「只要你的心想的都是善事，你的人生一定往好的方向轉變。」雲谷禪師最後如此說。

袁了凡被責備之後回答說：「我錯了，往後一定遵照老師的話去做。」

從此袁了凡每行一善便給自己加一分，每做一惡就給自己減一分，用分數來勉勵自己日日行善。

結果袁了凡一直活到七十三歲才往生，老人說他沒有兒女，後來也有了。袁了凡告訴他的孩子：「在我遇見雲谷禪師之前，我的人生就如命運所示；但是之後我改變自己的思維，努力行善，所以生下了你，原本只有五十三歲的壽命，現在已經過了七十還健在。兒子喲，所謂的人生，就是不斷行善就可以改變的東西啊！」

「命運」是既定的，並非我們衷心期望就能改變。但是另一方面，和「命運」並行的「因果報應法則」卻非如此，如果善用這項法則，原本已經定案的命運也能再改變，我們不妨稱這樣的過程為「立命」。既然透過立命可以改變命運，我認為人類應該更有效地運用「因果報應法則」才對。

問題在於，現代人無法相信交叉運用「命運」與「因果報應法則」能創造美好人生這樣單純的論調。一來，社會上對「命運」與「因果報應法則」的看法本來就具有偏見；二來，現代科學根本無法解釋超乎人類智慧理解的命運。

因此那些具有較多學問的知識分子，多半認定命運的論調是迷信的說辭；在知識分子的眼中，「因果報應法則」通俗一點的說法就是「做壞事就會受到上天的處罰」，是沒學問的鄉下人用以防止小孩做壞事的便宜行事。

事實上，除了上述的故事，的確很難找到更多例子證明「命運」與「因果報應法則」的說法到底正確與否。命運到底是什麼？我們很想、卻很難解釋；對於善有善報的理論，也很難找到明確的實例加以說明。

原因也就是之前提及的，人生是「命運」與「因果報應法則」交叉結合形成的。

例如當人走在命運極端惡劣的時期，即使做了一點善事，終究無濟於事；而有時處於運氣非常好的時候，即使做了一點壞事，相形之下好像也看不出其壞處，導致有人會疑問：「做了那麼多壞事的人，人生為什麼還過得那麼幸福？」

以下則是進一步的解釋。有一位具有通靈能力的人為我的朋友算命，他說：「這個人今天運勢很差，本來應該會有一場大病，如果他能平安無事，那是因為他近年來所做的好事庇蔭他，以他的運勢根本不可能事業如此順利，身體也不可能如此健康。」

如此這般，「命運」與「因果報應法則」猶如ＤＮＡ的雙螺旋，複雜地交錯組合在一起，也因為可以交錯組合，所以不是以「一加一等於二」這種單純的方式組合，但是所有的人生確實都是出自這兩項要素的結合。更重要的是，「因果報應法則」比「命運」更有力量，足以改變人的一生，可惜，至今沒有多少人相信這種說法。

不管怎麼說，我認為「因果報應法則」的確存在。讓我們再回到「宇宙」那一章，從回溯宇宙的起源進入新的話題吧！

宇宙的起源是來自一塊手可盈握的粒子，大約在一百五十億年前，宇宙發生大霹靂，很多粒子結合成質子和中子，之後出現的電子環繞前者因而形成氫原子，氫原子經過融合又形成氦原子，同樣的情況反覆進行之後，形成了目前宇宙間的各種元素，接著又形成分子和高分子，然後出現生命物質，最後則是人類的誕生。

本來宇宙也可能以一塊粒子的狀態維持一百五十億年，也可能在形成原子的階段就停止演變，然而宇宙卻不停地重複創造、發展的活動，甚至創造了人類。這是為什麼呢？主要是因為宇宙之間具有讓各種生命出生、成長和發展的意識，就是這種意識讓宇宙不斷地運行。

當人類具有善的意識時，便與造物主的意識——「所有的生命都努力生存著，善哉善哉」不謀而合。個人優美的意識波動如果與宇宙的意識波動一致，則一切就會順利運行，事事成功，並且朝好的方向發展；相反的，意識若與宇宙意識背道而馳，也必定走向失敗。

理解這項原理，也就能理解為何世間存在著沒落和衰亡。例如公司為何倒閉？通常是事業順利發展時，不曾自省「未曾做過善事」、「沒做過為世人著想的事」、「從此不再認真努力工作」等違反宇宙意識的行為，因而承受倒閉的報應。

觀諸近年來曾經獲得很高評價、結果卻倒閉的企業，仔細觀察它們倒閉前的狀況，不難發現這些企業的經營者倒閉前都曾如日中天、備受誇讚，隨後名聲失速下跌，飽受沒落的痛苦；其中有存活了三、四十年才走入衰退的企業，也有剛成立就走紅的創投產業，歷經幾年的高度成長就瞬間墜落。總之無論哪種企業，都是在功成名就之後，輕而易舉地落敗和倒閉。

凡身為企業經營者，無論如何也希望自己的企業能避免倒閉的命運，即使如此，為何成功還遲遲不來呢？雖然這也是「命運」，不過我認為主要是「因果報應法則」導致的結果。

二十世紀初，倫敦的知識分子經常聚在一起與已經死亡的靈魂溝通交流，也就是所謂的「交靈會」（The Implications of Spiritualism）。其中由一位小鎮醫生主持的交靈會，經常出現一個印地安人的靈魂「銀樺樹」（Silver Birch），他講了很多話，這些話還被收集成書。

我偶爾也讀這種書，其中有個地方特別引人注意。對於我多年來苦於無法提出證據加以解說的「因果報應法則」，「銀樺樹」如此解釋：「大家都不相信因果報應法則吧？因為無法證實做了善行就有善果，做了惡行就有惡果的緣故，所以沒有人相信。其實短期間內雖然看不出來，過了十年、二十年，甚至三十年或更長的時間，一定會看到果報。當然也有少數不在同一世報應的例子，但是就我所處的世界（往生後靈魂居住的空間）來看，一分一毫也逃不過；的確是善有善報、惡有惡報，因果報應法則是正確無誤的。」大致上歷經三、四十年的時間，因果就應和了，如果還無法顯現，到了另一個世界，因果的帳還是會算得很清楚。

換句話說，目前我們所想的、所做的，可能在幾年或幾十年之後，時間雖不確定，但一定得承收結果；現在造的業（Karma）是因，其結果會顯現於將來。到時候才後悔或悲傷已經太遲，因此無論如何請將這件事記在心頭，希望每個人每天都有善行，因此走向美好的未來。

第13章

人生的考驗

前面章節曾經提到：人生是由「命運」與「因果報應法則」交織而成，有好的時機，也有走厄運的時候。釋迦牟尼佛稱此為「諸行無常」，他也說：「因為無常，所以人生很苦。」總之，因為人生一直在變，所以苦難也一直不斷。

但是，我認為驚濤駭浪的人生中，無論是好或壞的境遇，都是造物主賜給我們的考驗，幸運的際遇與不幸的災難本質同樣都是考驗；個人如何面對這樣的考驗，將進一步決定當事人未來的人生會產生什麼樣的變化。

首先我們必須思考的是，遇到「成功」的考驗時，應該如何對應才正確？

當獲得令人稱羡的幸運或成功際遇時，多數人會將成功歸諸於自己的努力，視這般的結果為理所當然。更極端一點的人，甚至覺得自己值得更成功一點、更幸運一些才對。

但是也有一種人，總是將幸運、成功的理由，歸諸周遭環境和別人的協助。面對自己獲得的幸運和成功，心中仍想著：「太可惜了，只有我得到這樣的幸運和成功，這真的是好事一樁嗎？」我想這是發自於內心的謙卑。

前者認為所有的幸運和成功是靠自己的力量贏來的，因此更成功一些也是理所當然。這種人一心想得到等同於自己付出的報酬、地位和名譽，同時也把自己的欲望愈養愈大，總是在成功的當下忘了謙虛，態度開始變得傲慢。事實上，帶給他成功的正是他謙虛和樸實的努力，結果他卻在成功時失去這兩項優點，開始怠慢，只留下想要更成功、更幸運的欲望，並且任欲望繼續膨脹和發展。

結果是失去了謙虛和努力，也就是支撐自己幸運和成功的優點，開始和凡事向善的宇宙意識變得不同步，也因而走向沒落和衰退。好不容易拿到手的幸運和成功卻無法掌握住，因為這些人的「心」變節了，因而跌進衰退、沒落的窘境。

另外一種人，不但透過謙虛和樸實的努力得到幸運與成功，面對成功時並且能誠心感謝周遭人的幫助。這種人戒慎恐懼，不敢獨占成功的果實，反而和更多的人及廣大的社會分享自己的成功；他們同時不敢忘記保持謙虛的心和樸實的努力，甚至更加努力地工作。我相信，能夠用這種態度面對「成功」考驗的人，將會得到更多的幸運與成功，甚至能永久保持自己的幸運和成功。

被幸運和成功眷顧時，當事人應對的態度不同，將會帶來天壤之別的結果。總而言之，得到幸運和成功並非最終的結果，面對成功和幸運時的態度，才是決定最終結果的因素；這點對世人非常重要，值得我們謹記在心。

也有人完全不知道因果報應會對命運造成影響，因此在遭逢災難、厄運和困難的考驗時，因為無力抵擋所面對的痛苦，轉而憤世嫉俗、嫉妒他人，為眼前的際遇唉聲歎氣、發出不平之鳴，最後甚至抑鬱而終。

用這種態度面對考驗的人，只會讓人生愈變愈灰暗，愈過愈辛苦，讓僅只一回的人生變成索然無味，毫無收穫可言。

反觀另一種人，他們即使遭遇災難、厄運和困難等考驗，也能忍耐全部痛苦，努力奮戰、全力以赴、不斷設法從考驗中脫困，想來他們必定是抱持著現在受苦沒有關係、未來一定重見光明的信念，同時保持開朗的心境不斷地努力。

這類人絕不致於憤世嫉俗、嫉妒他人或埋怨連連，而是勇於正面迎向苦難、接受考驗，甚至將苦難視為造物主考驗自己有無進取心的試題，因而心懷感恩、全盤接受這項考驗，並且樂觀地往前直行，繼續樸實地付出努力。這樣的人最終一定能夠獲得令人嚮往的成功和光明的未來。

事實上，由「命運」與「因果報應法則」交織而成的人生，正好也是驚濤駭浪、諸行無常的人生，而非平靜無波的人生。在此人生中，無論遭遇苦難或幸運哪一種考驗，均依當事人能否謙卑、樂觀以對，而決定當事人以後是過天堂或地獄的生活。

這樣的說法自古時候就有了，在中國的古籍《尚書》裡就曾提到「滿遭損、謙受益」；而這句話不僅適用於個人，就國家而言也是一樣，一國的政府如果不謙虛，國家就會出現危機。

翻開日本的歷史，事實即呈現在眼前。自從明治維新以來，日本緊追在美歐國家之後，政府打著富國強兵、發展產業的口號，人民也發揮至死方休的努力精神，上下齊心打拚。結果大約四十年之後（西元一九〇五年），日本以一場日俄戰爭，打敗超強的俄國，贏得全世界的喝采。

從此日本人開始陶醉在幸運和成功的滋味當中，失去了謙卑的心，開始大舉擴充軍備。又過了四十年，日本在第二次世界大戰中終於嘗到了戰敗的滋味。

化為廢墟的日本，再度反省、修正，全民重新同心合力建國，之後又躍升為世界第二大的經濟大國；日本的經濟復甦再度被譽為奇蹟，照理說，我們日本人應該更謙虛才對。戰後經濟復興成功好比是一個考驗，對日本的國家治理和經濟政策而言，因應這項考驗的基本方法就是謙虛。

但是日本又變得自大了，那些大企業、銀行的經營者完全忘了戰後數十年來日本人的謙虛、拚命的努力以及相互扶持合作的精神。於是從企業經營者到一般大眾，大家忘了額頭上的汗水，開始追求眼前的近利，從八〇年代開始瘋狂、忘我地投資不動產和股市，造成了所謂的泡沫經濟。

傲慢的結果是泡沫經濟很快地破滅，造成很多經營者轉瞬間飽嘗一貧如洗的滋味，買了一堆據說還會漲四、五倍的土地，結果價格只剩下五分之一，甚至十分之一，總之，留下大筆的債務，經濟情況慘到連本來不可能倒閉的銀行也倒了。

或許早在八〇年代之前，日本人就已經忘了謙虛的重要性。為了提醒日本人，安岡正篤先生於一九六九年時就曾在《命運與立命》書中，以「忘卻人生之道的技術和學問是人類的不幸」為題，這麼指出：「科學、技術、繁榮也好，甚至政治、經濟或是學問也罷，從長遠的角度來看，都是一些不可靠的、無法正確衡量的東西。理由在於對人類而言，如果忘了最重要的根源，技術和學問只會造成不幸。只是一陣翻雲覆雨，終歸是在命運的操弄下結束。但是如果冷靜觀察一下，在這些東西的背後深處，必定存在一些嚴肅的法則，也就是所謂的道；如果不循道而行，我們將找不到任何可以信賴的事物，這樣的感覺到了二十世紀下半葉，更是格外深刻。」

「真正的學問是在於了解和學習現象的根源，也就是本質或道；我們要學習的是心的學問（心學）；換句話說走到哪裡都要修練自己、幫助別人（修己治人）的學問。」

我認為安岡先生已經看出，日本在第二次世界大戰結束的二十四年後，已經開始起了怠慢鬆散的心，因此才會提出這樣的警語。

俗話說「榮枯盛衰乃世之常情」，由謙虛到怠慢而且反反覆覆的應該不只是日本這個國家；將眼光放到全世界，無論中國或歐洲，只要國家興盛，接著就會起怠慢心，然後再度走入衰落。我認為日本能否順利從眼前的不景氣脫困，與日本人是否能早日發現這項原理，及時恢復謙虛和認真對待世界的態度有莫大的關係。

第14章

苦惱與憎恨

人類總為人生當中的各種問題感到煩惱，但是我並不這麼做，同時也會勸別人「別煩惱」。

深思熟慮對人而言是必要的，但是煩惱不一樣，煩惱只會傷害自己的身體，並不能帶來任何好處；煩惱只會讓人浪費掉寶貴的光陰。

當工作遇到困難或瓶頸時，通常我會思考、再思考，思考到答案出現才停止，但是等到答案出來、做好對策，我就不再去思考同一個問題。

想要不煩惱就解決問題，祕訣就是不要想超過或想太多，決策定出來之後，就應該採取「盡人事，聽天命」的態度。

然而，光是考量出解決方法，問題不一定就能全部解決，也就是因為這樣，很多人總是不停地煩惱。我只能勸這種人必須自己想辦法「不去煩惱」，這是唯一的也是最有用的方法。

據我所知，這種人通常在立定決策之後、結果尚未呈現之前，一直忍不住煩惱。心中總是惦記著：「能順利解決嗎？解決不了嗎？」問題是，就算不斷煩惱，對解決問題而言也沒有幫助。劍已出鞘，接下來不就是等待了嗎！此刻唯一能做的就是等待天命揭曉而已。

費盡心思考慮出來的對策，誰也不知道結果是吉是凶？既然不知道，提前去煩惱還不知道的事，這樣的做法有意義嗎？這就是我的想法。

結果如果是好的就沒有大問題，如果結果不如預期或出現大凶，不就會再度陷入更大的煩惱當中？

假設結果的損害比預想來得大，這也是沒辦法預防的呀！「覆水難收」，想把潑在地面的水收回來，有何意義可言？

與其為受到損害而煩惱，不如為了未來可能的利益而更加努力工作，這樣做的話，不就沒煩惱了？所以「不去煩惱」，就是從煩惱的境界中解脫的最佳方法。但是要如何做才能做到凡事不去煩惱呢？第一、如果有時間煩惱，就比別人更加倍努力地工作；第二、保持謙虛絕不驕傲；第三、每天自我反省，反省與煩惱完全不同；第四、知足和感恩自己活在人間；第五、秉持寧可他人比自己好的利他心而活。

就人類具有的感情和欲望來看，除了煩惱，人類還會抱怨和憎恨。例如有人被殺，受害者的家屬對犯人的仇恨心、憎恨心一定非同小可。

我沒有立場也不想否定受害者的仇恨和憎恨心。對那些孩子被殺死的父母親而言，當然他們會憎恨犯人，因此如果有人問我：「應該如何處置殺人犯？」我的答案會是：「即使處以死刑，我也沒有意見。」基本上，我認為犯罪者受到合理的處罰是對的，但是我也認為，不要對罪犯抱持著恨意才好。也就是說，受害者的家屬應該盡可能地不去憎恨犯人。

或許有人會反駁我的想法：「你又不是當事人，有什麼立場這樣說？」這樣的反駁也很合理。但是，雖然我不是當事人，只是站在門外的第三者，或許根本沒有立場說話，我還是覺得人類不應該具有憎恨或仇恨的想法。

因為不管你多麼憎恨犯人，死去的親人還是無法回來呀！再者，每天懷著仇恨和憎恨的心情，久而久之也會產生副作用，造成心理、甚至肉體上的傷害。

我發現那些每天只會生氣、抱怨和發出不平之鳴的人，他們的臉色總是很陰沉，呈現不健康的狀態。雖然沒有實際的證據，但是我聽說一個經常發怒、憎恨和抱怨的人，體內可能會分泌出某種會傷害自己身體的荷爾蒙。

心理影響生理的案例時有所聞。例如，大家都知道太擔心的時候，可能會引起胃潰瘍，照理說，堅韌無比的胃壁連強酸都不能輕易讓它動搖，為何會開了孔呢？主要是因為緊張或擔心的時候，胃部會分泌一種讓胃壁細胞抵抗力轉弱的荷爾蒙。

讓憎恨心付諸流水，說起來簡單，要做到卻很難；即使你不去恨，逝去的親人還是回不來。然而，若要讓往生者的靈魂得到安息，「寬恕」是非常重要的做法。

如果說人活在世上最重要的任務是提升心智，那麼對人類的感情而言，最具矛盾性的功課就是「原諒那些不能原諒的事情」，或許這才是人類最重要的修行課程吧！這樣的考驗或許比財產、名譽被奪的遭遇還更難面對，然而也因此，當人類能夠跨越這樣的障礙時，就能得到更大的提升；透過這種提升，人心會更進化，靈魂也會更加充滿光輝。

第15章

逆境

在磨練人格品質上，我最尊敬的日本人是西鄉隆盛（一八二七～一八七七年）。明治維新時期人才輩出，例如，大久保利通（一八三〇～一八七八年）、山縣有朋（一八三八～一九二二年）等人皆享有盛名，但是我認為其中還是以西鄉隆盛最傑出。

雖然他以悲劇式的死亡結束一生（一八七七年在日本最後一場內戰中，西鄉領軍的薩摩士族戰敗，受傷的西鄉命令部下砍下自己的頭），但是明治維新的豐功偉業，如果少了他是不可能成功的，這樣說一點也不誇張。

西鄉生於日本鹿兒島一個下級武士家族，小時候被視為「中看不中用」的小孩。主要是因為他體形高大、目光炯炯有神，但是卻沉默寡言、不善言辭。相較之下，他不算是敏捷或優秀的孩子，反倒是和群體疏離的小孩。

這個沉默的孩子，長大後卻完成了偉大的志業。為何西鄉長大後能有此成就？我想一方面是他受到當時德高望重的薩摩藩主（諸侯）島津齊彬的栽培，一方面也因為他自幼承受種種苦難，從磨難中學到經驗和能力。

例如，當時京都清水寺的和尚法名月照，因參加尊王攘夷運動，不見容於當時的德川幕府而逃出京都，投奔西鄉隆盛。後來因為島津齊彬去逝，新幕府將軍的父親島津久光擁有實權，並且不准西鄉庇護月照，進退兩難的西鄉覺得自己對不起朋友，於是決定和月照一起投入錦江灣自盡，以成全兩人的友情和義氣。結果月照身亡，西鄉卻奇蹟式地被救。不能保護前來投靠自己的友人可以說是武士的奇恥大辱，和友人一起投江，對方死了、自己卻活著，豈能免於周遭的非議？但是此刻的西鄉容忍外界的種種非難，毅然活了下來。

此外，西鄉和島津久光的個性本來就不合，後來因為觸犯了島津久光，被流放到奄美大島和沖永良部島等外島。在沖永良部島時被關進簡陋的禁閉室，所謂的禁閉室，只有屋頂和四根柱子，連牆壁都沒有，只能任憑海風吹刮和大雨潑灑。西鄉被關在這樣一間牢房裡，每天卻依然打坐和冥想。

不久之後，原本體形龐大的西鄉日漸削瘦，負責監看他的獄卒不忍心，於是在自己家中設了禁閉室，將西鄉移到家中坐牢，據說西鄉因此才能安然存活。

一再嘗到這種心酸的西鄉，其人格特質也愈變愈大器。日後（一八六八年）才能與幕府的重臣勝海舟談判，兵不血刃就進入江戶城，並且平定幕府勢力。我想，年輕時期艱難、痛苦的經歷，才是促使西鄉日後成功的主要因素吧！

相對地，從來不曾發現那種從小不曾受苦、不需要辛苦工作，長大以後卻能成就豐功偉業的例子；因為這種人往往一遇到困難就被挫折打倒了。

有名的日本經營之神松下幸之助也一樣，從孩提時期開始就飽受環境的折磨。因為家道中落，還在就讀小學四年級（九歲）就被迫輟學去當學徒。但是即使遭遇此逆境，松下並未因而氣餒或自怨自艾，他盡可能努力工作，只希望搏得雇主歡喜。

正因為年輕的松下能夠不畏逆境，用樸實、開朗、健康的心態拚命努力工作，爾後才能創立有名的「大松下」（松下集團）。

當時，和松下一樣處於困難境地的孩子人數應該不少，但是多數的孩子還是有畏縮的本性，有時也會興起怨恨和痛苦的心，心想為何好人家的小孩能夠上學、還能夠吃好穿好，唯有自己如此貧窮？凡是持著這種退縮的、痛苦的心情度過青少年時代的人，成長以後幾乎沒有什麼大的成就。

因此，我認為即使在遭逢苦難時不能以平和的心情接受這些命運，或保有感恩的心，至少也要避免自己存著嫉妒或憤恨的心才好。松下幸之助就是因為能夠在逆境中忍耐，並且用開朗的心情拚命努力，所以日後才有如此大的成就。

日本有此古訓：「艱難可以磨汝成為樸玉。」日本人也常勸年輕人：「年少多吃點苦才好。」好逸惡勞乃人之常情，但是將眼光放遠，就會發現年輕時期遭受過苦難的人，相較生活環境優渥的人，日後的成就往往更加輝煌。

回頭看看現代的日本似乎正好相反。許多父母很刻意地不讓自己的孩子受苦，總希望自己的孩子能輕鬆過活。然而，不就是這樣的教育思維，才讓十七歲少年的殺人事件開始發生嗎？

在比我們更早的時代，很多孩子為了幫助父母維持家計，從小就得拚命努力地工作，我的時代也有不少親朋好友，從小就得幫忙父母工作，也是為了幫忙分擔家計。我發現在這種貧窮的家庭，幾乎不曾出現過窮兇極惡的犯罪事件。要知道並非因為是孩子，就不應該辛苦工作，辛苦工作反而是磨練人格品性時不可缺的工具。

西鄉隆盛被流放到沖永良部島關禁閉牢時，才有機會讀王陽明的學說，磨練自己的心性。提到人性，安岡正篤先生曾說過，必須依「知識、見識、膽識」三個階段來提升人類的人性，否則努力將是白費力氣。

他的意思是，知識只要翻開百科全書或字典就可以學到，既沒有必要強記，也無需填鴨式地過度汲取，否則也只是流於常識豐富而已。比吸收知識更重要的是將知識組合成有條理、有邏輯的信念，變成比知識更有用的見識。不過即使擁有見識，如果不去實行這些理念，對提升自己的人性助益還是不大，因此有必要將見識提升為膽識，也就是轉化為執行力。

這裡提到的膽識，是指同時具有見識和勇氣，這都是歷經苦難才能培養出來的人性品質。

具有這種品格的人，日本人形容他們是「懷珠抱玉」或「具有膽識」，西鄉在沖永良部島培養出來的就是這種膽識。

事實上，就算無法產生膽識，只要有勇氣，也能夠轉化成相當的執行力。然而在什麼樣的情況下，人類才會拿得出勇氣呢？通常只要有大公無私的藉口，勇氣自然就會湧現。因此，在培養出大無畏的膽識之前，不妨找一些正當理由來鼓勵自己。例如，此刻如果我不出面，局勢恐怕會變得很難料吧？我如果不努力去完成這件工作，公司的下場會如何呢？

大義和志向是完全不同的東西。志向主要是指個人的目標，大義則是指非利己的、捨棄個人立場的，且對眾人具有重大意義的事物。大義是從比較大的格局切入，例如，為世人、為社會，或是為身旁的家人等等。如果能用大義來鼓舞自己，就可以激發出真正的勇氣，這股勇氣就能逼自己發揮執行力。

有膽識的人做事不需要假藉任何名義來鼓勵自己，但是像我們這種普通人，每當挑戰極遠大目標的時候，就有必要給自己一個名義，然後藉此名義鼓勵自己去完成這個目標。

欠缺執行力的人或凡事做不好的人具有一個通病，心中總是盤算著：「公司上司交代做的這件事，做了對我有利嗎？成功的話可能調薪，還是可能調升經理？萬一失敗，最好能找個台階下。」由於凡事只考慮自己的利害得失，往往也因而失去了執行的勇氣。

像以上這樣，不給自己一個名義或理由就辦不成事的人，事實上並非少數。對這樣的人而言，成功的祕訣在於：凡事不妨試著先擺脫私心，為自己找個具說服力的正當理由吧！

第16章

情與理

每當有人問我，誰是我最尊敬的人或心目中的理想人物？我的腦海裡總是浮現前一章節才提過的西鄉隆盛。

明治政府誕生之後，西鄉移居東京，當時的西鄉已經領到很高的薪餉，但是仍然住在商店街中的民房，只雇用一個女僕，平常總是穿著棉布粗衣服。西鄉難道是心尚未定下來，或是心中並無欲望？我認為應該是因為他沒有私心的緣故。

他注意到，當初他們這批年輕志士，就是為了反對不合理的幕府和封建制度才起來革命，建立新的政府。然而他眼見同一群人就任新政府的重要官員之後，也開始搬進豪宅、穿著華麗的衣裳、身旁妻妾成群，過著極盡奢華的生活，心志也開始墮落。

西鄉自己也是新政府的核心官員，親眼目睹這種墮落的景象，心情格外悲憤，因此他提出了「明治維新並非為了自己的榮華富貴」的嚴正文章批評當時的現象。同時他也感到很懊惱，因為疑惑自己是否真的做對了？自己豈非被那些想得到天下後享受奢華的人利用了？西鄉警惕自己不應該同流合污，因此選擇照樣過樸素的生活。

西鄉因而和山縣有朋、伊藤博文、大久保利通等人漸行漸遠，之後又因為主張攻打韓國，與其他人意見不合，終於離開重要的官職。欲望強的人可能會執著地位，西鄉卻沒有此種欲望，因此很快就返回故鄉鹿兒島。

結果，和他一起到新政府任職的鹿兒島年輕人也都隨他辭官返回故鄉。由於這些年輕人心中仍然存在對新政府的不滿，西鄉為了不讓這種情緒爆發出來，也為了培養他們成為更優秀的人才，於是在鹿兒島設立了私學校（私人學堂）。

當時，一位出身薩摩（今鹿兒島縣北部）的警官被逮補，他自白承認自己是為了暗殺西鄉而回到鹿兒島；事件真相尚未大白，部分私學校的學生已經滿懷憤怒，攻進了新政府在鹿兒島的彈藥庫並奪取槍砲和彈藥。明治政府獲報之後，立刻以叛變為由發動軍隊前來鎮壓。

當時西鄉正在大隅半島打獵，聽到消息後立即趕回鹿兒島。本來他想要勸阻年輕人的暴動，但是不知為何他的態度並不積極，我想理由可能是西鄉覺得自己對新政府已經仁至義盡，也可能是基於西鄉個人的情緒吧！

堂堂一個大丈夫會被個人感情束縛，而做出異常的決策，這樣的事情說來有點不可思議。不過如果回想前一章提過的故事，從西鄉曾經為了人情義理而想陪同月照和尚投海自盡的事件來看，西鄉的性格本來就是情感重於理性，因此也沒什麼不可思議了。

事實上在日本的最後一場內戰（西南戰爭）中，西鄉「我也一起去吧！」的舉動令我印象深刻。令人不解的是，為何整場戰爭中，他只跟在年輕人的後頭？帶頭的是青年將校桐野利秋，西鄉始終未曾擔任指揮官。從幕府末期到明治維新結束，那個一直能靈活運用智慧、屢屢立下戰功的大人物，在此重要的戰役中卻什麼也沒準備，只是跟隨在一群年輕人後面行動而已。

當時也有一些軍隊因為仰慕西鄉的英名，遠從九州各縣趕來支援，還有對明治政府感到憤怒不滿的舊武士前來響應，但都被西鄉拒絕。從西鄉的種種對應態度，實在看不出他想打贏這一仗，有關這件事至今為止仍是個謎，也成為後人討論的焦點。我只能想像，理由可能是因為西鄉本來就是個感情勝過理性的人吧！

當我就讀舊式中學一年級的時候，就被強制教導這種情感的重要性，我感覺即使到現在，自己仍然深受這種觀念影響。

例如，當時教我們修身養性的老師，針對人格品質最惡劣的人，他的形容如下：「有一個小偷到一戶人家去偷竊，剛好那家人回來了；如果這個人真的只是小偷，碰到對方家人進門時就應該逃逸無蹤，但是也有人會跑進廚房拿起菜刀揮舞威脅，由小偷變成強盜。這種由小偷變成強盜的人正是最污穢的人！」

他還提到另一種情況是：「假如你的親友在某種情況下殺傷人，跑來找你並告訴你『我剛殺了人，救救我吧！』你會怎麼做？」由應對此問題時的態度，也可以看出人性之間有很大的差別。

由於那時候我們只是中學一年級的學生，個性總是比較軟弱、畏縮，大家的答案幾乎都是：「把朋友訓一頓，然後勸他去投案。」反應相當一致。結果老師告誡大家不可以這樣做，他說：「既然是親友，而且他又跑來投靠，在這種情況下即使會被判罪也要庇護他。」

現代人可能無法接受這樣的想法，但是以前的老師教導我們這就是人類的情和義，我想他教的應該正好符合西鄉隆盛的價值觀吧！

西鄉的個性富於情與義，我認為這是他最令人心儀或值得當成榜樣的理由。但是有時我又無法接受被人情義理束縛的人，這樣的說法好像有點無情，然而就在我創立京瓷時，我曾考慮：「雖然我的核心思想充滿西鄉的情義，但是經營事業，我得效法大久保利通的理性與冷靜才行」。

事實上，我的第一份工作是在松風企業，那時我才二十五、六歲，當時的我，認為自己的理想是當個有情有義、品德完美無缺的「完人」。等到自己經營企業時，才知道所謂的完人，行動時應該同時具有西鄉的情義和大久保利通的理性，兩者兼具才能成功，於是我才開始研究大久保利通的哲學。

當我回到西鄉的故鄉鹿兒島，告訴那裡的人有必要學學「大久保利通的理性與冷靜」時，得到的回答多半是瞧不起的眼神。然而，當時我依舊認為自己應該「融合大久保利通與西鄉隆盛的品質，創造稻盛和夫的新形象」，並打算依此目標經營自己的人生。

拓展事業時如果只用感情去判斷和行動，可能導致無法收拾的局面，即使用感情判斷再依理性行動，方向可能還是錯的。另一種方式是用理性判斷，也用理性執行，這樣一來可能沒有人願意跟隨你一起工作。

我認為經營事業最重要的是，最初的階段應該用理性思考，實際執行或應對時不妨適度地運用感情。

關於這點我原先並未留意到，而是從過去的員工口中聽到：「那時社長突然出現，告訴我應該如此才能替我解危，幸好跟隨一個嚴格的社長，我才能完成工作。」偶爾聽到這樣的故事，我總是自問：「真的發生過這種事嗎？」因為我完全沒有印象，我想那些大概都是我在無意間說出去的話吧。

被人刻意地誇獎，有時還是會感到開心。然而如果有人記得你無意間講的話，再由對方說出來時，其中不但充滿了感情，更讓人覺得欣慰，因為你知道對方是真誠地接受你。

太重感情的人，我認為只適合和他發展私交，一起工作就會產生很多紛爭。例如，當有人求我：「財務調度上有點困難，請協助我好嗎？」由於我認為對方人品很好，因此當他的保證人，周遭的人還因此誇讚我是正直的大好人。

但是相似的情況有時卻惹來不同的評價。例如，有個人的公司因為負債而倒閉，他因為擔任很多借貸的保證人，因此背負很多債務，在此情況下恐怕沒有人會稱讚他是「正直的大好人」吧！

還有一種情況，有人來借錢，第一次因為同情就借給他，於是在他的口中我是「大好人」；接下來又說：「可以借更多一點嗎？」這時如果拒絕他，他不僅忘了應該為第一次借他錢而道謝，還因為第二次借錢遭拒絕產生憎恨的心。這就是一般人的反應，而這種憎恨的心將會帶給當事人更大的傷害。

我建議第二次會拒絕的人不妨一開始就拒絕，原則上還是應該緊守住先講理性、再談感情的程序比較正確。個人會有這種想法，原因之一或許來自小時候在家庭和學校的學習。我的父親是個沉默理性的人，母親的個性剛好相反，是個十分重感情的人。母親每遇到任何情況都心懷感激，我的父親則經常嚴肅地責備我們。

例如，有時母親會對父親說：「孩子的爹，有個親戚告訴我這樣的好事，我們也來做吧！」父親總是說：「等一下！」然後要求母親做更詳細的說明，等她說完了，父親就冷靜地分析其中的利弊，然後對母親說：「那不是很不合理嗎？」提醒母親她太感情用事了。

就母親的角度來看，因為是親戚的提議，所以她先放了感情進去，忘了做理性的考量；父親則一定是先冷靜地分析才做結論。我覺得我的母親的個性有點像西鄉隆盛，父親則像大久保利通。我發現父母親一來一往的互動，對自己的人格的形成與發展有很大的影響。

第17章

勤勞

日本的文學家內村鑑三在他的著作《具代表性的日本人》中，曾經介紹過日本的土地改革家二宮尊德（一七八七〜一八五六年）。

二宮尊德既無學歷也無資產，只是個農民。十六歲時父母雙亡，二宮尊德的伯父收養他，從此每天自清晨到深夜像小奴僕一樣不停地工作。由於二宮尊德只有深夜的時間可以運用，渴望學習的他點著燈努力用功讀書，結果他的伯父責罵他「浪費燈油」，於是他無法在深夜讀書。即使如此，二宮尊德仍然不放棄學習，經常頭頂著晨星或在滿天星空的夜晚勤奮工作，再利用白天上山砍柴或割草時，一邊走在路上、一邊讀書。

長大之後，二宮尊德一直拚命地工作並過著節儉的生活，利用儲蓄將父母親的田地買回，並且在農業上有非常優秀的表現。當地的領主風聞他的能力，請他負責協助政府振興那些貧窮的農村，讓他聲名遠播。晚年的時候，二宮尊德甚至接受德川幕府委託從事治水工程和產業輔導工作。此時的二宮尊德已經可以和其他的諸侯並坐在宮殿中。據說他的言談舉止、宮庭禮儀都非常端正，不少同坐的大官懷疑他也是出身高貴的大戶人家。

這段傳說主要是在強調：二宮尊德原本是一個平凡的農夫，從來也沒有機會學習宮庭禮儀，每天從早下田耕地勞動到晚上，卻能夠磨練自己的心智到這種程度。換句話說，人如果非常努力地工作，不但可以得到生活上需要的糧食，也可以借此磨練自己的心。

我認為透過勞動塑造人類的心智，對現代的日本人而言格外重要。因為第二次世界大戰之後，日本社會漸漸確立「提供時間、換取報酬」的勞動價值觀，認為勞動的主要目的就是為了得到金錢。

勞動本來的目的應該並非只是為了獲得報酬，特別是在貧窮時期，勤於勞動還可以控制自己的欲望，諸如想休息、想偷懶、想玩樂等欲望，透過控制欲望，也就可以鍛練人的心智。

問題在於眼前的社會過於富裕，日本人已經沒有必要為了獲得食糧而勤勞工作，只要打零工就足以維持生計，導致大家開始拒絕被固定工作綁住的生活，寧可成為打工族也不願意到企業就職。更極端的是，有人高中畢業之後就賦閒在家，既不想就學也不想工作，選擇繼續靠父母親豢養過生活。

很多年輕人超過二十歲了還待在家中，同時青少年犯罪的案件也逐日增加。我相信，這些年輕人從來不曾透過勞動來磨練自己的人性品格，是造成他們犯罪主要的原因。就像釋迦牟尼佛在六度波羅蜜中強調精進的重要，我也認為勤奮地勞動可以鍛練頭腦、培養心智，這也是達到開悟之前的必經過程。總之，勤於工作的人不僅可以得到足夠溫飽的生活，也可以抑制多餘的欲望，並磨練、淨化自己的心和頭腦。勞動具有的機能就在於此，因為世人已經忘了勞動的重要，眼前的社會和人心，才會荒廢到這般地步。然而時代與社會每天都在改變，人類已經無法回歸到古代的情況。因此，我們的注意力應該放在如何改善社會因為過於富裕而喪失精進的問題。

事實也顯示，在貧窮的時代，人類努力工作的原因的確是為了得到生存所需的糧食，但是如果將勞動的目的局限在取得糧食上，到了物質豐盛的時代，人們一定會失去勤勞的精神，因此我們有必要重新為勞動找出新的意義。

就像前面提到的，勞動的目的不應僅止於取得糧食、避免饑餓，也是為了磨練人類的心智。如果每個人都勤奮努力，就能夠培養良好的心智，讓人變得更完美。我們不妨為勞動下這樣的新定義。其次，我們也有必要重新釐清勞動的本質。現代有些老師強調讓學生勞動是罪惡，這已是造成年輕人不想勞動的原因，而日本厚生勞動省不斷縮短工時，是不是也強化了「勞動是罪惡」這種觀念？

日本國內就曾為了法國每週勞動時間只有三十五小時議論紛紛。我了解厚生勞動省的本意是希望促成日本人可以用更少的時間、賺更多的錢。問題是，這種決策不也是造成人類墮落的原因嗎？

唯物論可能把人當成各種物件當中的一種來看，但是我總認為這樣的理論應該是錯誤的。就像先前所引用的佛教教義所示，佛陀勸人精進，因為從精進中可以磨練人的心智。因此我想呼籲的是，首先我們必須找出勞動的真正意義，對人類而言這才是比較正確、也比較符合自然的做法吧！

如果依此概念而行，努力工作並將獲得的成果分享給貧窮國家的人民，這樣的行為就是釋迦牟尼佛所說的「布施」。即使不能直接送達，也可以透過日本政府的開發援助（ODA, Official DevelopmentAssistance）去援助其他的國家。能夠將富裕世界多餘的物質送給貧窮的國家，拯救更多人命，本來就是最具愛心、最該做的行為啊！這樣的「布施」行為，可以讓勞動的價值提升好幾倍。

我相信能夠努力勤奮工作，並將勞動的成果分享給其他國家的策略，比花大錢去購買軍備或締結各種和平條約，更能夠提供給國家安全有力的保障，因為任誰也無法欺侮擁有這種行為和思維的民族。我想，這樣的民族無論走到哪裡都應該獲得推崇和尊敬吧！

我衷心希望日本能變成這樣的國家，同時我也認為，這才是二十一世紀的日本應該呈現的樣貌。

第18章

宗教與死亡

「你信仰何種宗教？」每當被問及這個問題時，大多數日本人的答案是：「哦！我沒有宗教信仰」。日本人似乎有這樣的錯覺：沒有宗教信仰很偉大。

據我所知，日本的知識分子以不信仰宗教為傲，應該是明治維新以後才產生的現象。明治維新之後，日本開始大量汲取西方文明，其重點是必須符合科學、要求合理性和邏輯。

明治政府強烈否定迷信或坊間傳說有關的事物，因為政府認為，必須灌輸人民有效率、不浪費時間、講求邏輯並且合乎道理的觀念，並讓這種概念深植人心，否則日本將無法依靠科學技術和理念立國。

為貫徹政府的決策，明治維新以後，日本的學校教育強烈地排除所有不符合科學的內容。然而一直到江戶時代（一六〇三～一八六七年），日本人依然維持到神社或寺廟拜神、禱告的習慣，坊間百姓也經常口耳相傳：「某神社的住持可以收到神明給的訊息」或者「某地的寺廟裡有個和尚，具有超強的通靈能力」等等。

然而到了明治時期，在政府強力主導下，能夠通靈或傳達神明訊息的人往往被視為迷信之源而被否定，那些反對「迷信」的人則被尊稱為「知識分子」。沒有辦法用科學證實教義的宗教也被扣上迷信的帽子，遭到排斥，結果日本人開始以不具宗教信仰來誇耀自己，走向無信仰之路。

事實上，在明治時代之前，日本人從來不提宗教觀，因為當時人的意識裡沒有「宗教」這種東西，擁有單純的信仰是理所當然的現象。

我曾監修（校正）《地球交響曲II》（Gaia Symphony II）這部電影的劇本，在電影中演出的女演員佐藤初女日前請我到她家作客。

她住在岩木山山腳下，山腰上岩木山神社的拱門剛好位於山坡的正中央，原木製的拱門非常壯觀。在一個日本北方的貧窮小山區，這樣的拱門卻有好幾個，我認為這些雄偉的拱門主要是拜附近居民強烈的信仰之賜。據說直到今天，鄰近的居民依然定時舉行祭典，並藉此聚會、聯絡感情。岩木山素有「津輕富士」（津輕的富士山）的雅稱，高大雄偉的山突然聳立在一望無際的津輕平原上，因此仰望巨大的岩木山時，總是讓人感到山中有神的存在。我想，這就是所謂的山岳信仰吧！

就像這樣，原來的日本不但有神社，也有神道，這並非表示日本有宗教，而是日本原本即擁有很多像山岳崇拜般的核心信仰。即使不想刻意將這些信仰視為宗教，我還是得強調，以前日本人是普遍持有信仰的。

包括這種本土信仰在內，無論西歐、亞洲或日本，宗教之所以擁有強大的力量，就是因為它是人類在自然界中求生存時必備的東西。人類既無毛皮遮蓋自己的身體，也沒有利爪般的武器可以自衛，體形也不夠巨大，可說是生存能力相當薄弱的動物。

擁有脆弱肉體的人類想要在變化無窮的自然界存活，心中必定充滿恐懼，在充滿威脅的大自然包圍之下，人類很自然地尋求宗教力量做為支援。我想處於對人類而言過於嚴酷的環境中，宗教自然成為人類求生時不可或缺的精神力量吧！

人類自有歷史以來便不斷地創造發明許多物質，因此原本只擁有虛弱肉體的人類，從古至今已經發展出來相當高度的文明，開始擁有控制自然的力量。

科技發展的結果，讓人類消除了對自然的恐懼，結果也導致現代人喪失了必須向宗教求助的理由，宗教也因此失去其必要性。

然而也因為人類不再面臨生存的危險，沒有必要求助於宗教，人類的心靈開始變得空洞和飄忽，心靈的空洞和空虛感愈來愈嚴重，至今仍找不到適當的東西來填補。

因此有些人，尤其是年輕的一代，開始熱中找狐仙、塔羅牌占卜之類的活動，也有愈來愈多的人對新興的宗教產生興趣。這些人表面上否定迷信，私底下為了彌補心靈的空虛和空洞，又禁不住去接觸神祕的事物。

包括科學界，幾乎所有領域的領導人物，即所謂的大師、專家，我都接觸過。我發現很多人在五十多歲時都還是強調自己「不相信和宗教相關的東西」，不過當這些人一旦過了七十歲，大多數態度會變柔和，不再強烈否定宗教；雖然每個人的說辭不大一樣，但不外乎

「我覺得開始可以領會宗教的精神」這種論調。

不過，還是有很多人並未走入現有的宗教。我正納悶這些人如何安定自己的心靈，又是如何彌補空虛的心，社會上就開始出現所謂的「新興宗教」。

有人提倡「人死了之後肉體消失，一切化於無，眾生與我皆是無」般似懂非懂的理論。我認為這樣的想法和唯物論並無不同，仍是由排斥宗教衍生出來的說法。對這類理論的提倡者而言，他們口中的「無」和死亡的意思其實是相通的。他們的想法諸如——人活著的時候無法免除各種煩惱，但是死亡之後一切歸零，因此有什麼好煩惱的呢？如果想到沒有了肉體或生命消失，多少會有點寂寞和傷感，主要也是因為自己將不復存在，這樣想的話多少會產生放棄的心態……。

如果能夠用這種冷靜的心態去觀察，瀕臨死亡時心情就不會那麼狼狽，這也是某種型態的宗教，我們不妨稱之為「無的宗教」。

有人則是希望「我死了以後，請將我的骨灰灑入海裡」，我想人會產生這樣的思維，主要就是因為接受人死後就歸於無的概念。在日本，似乎愈來愈多的知識分子相信人死後就歸於無這個論調。然而我也懷疑，否定人死後還有靈魂和另一個世界的想法，也是造成宗教在日本衰退的原因。

明治維新以來，靈魂的存在一概被視為迷信，死亡的意義也只有肉體的消失。人們不相信靈魂與心是有別於肉體的存在，因此判定肉體死亡時，靈魂也將死去，因此產生人死後一切便歸於零的思維。

我發現否定靈魂存在的想法，也導致了人類對死亡的看法和以往不同。現代人對死亡的看法，幾乎只聚焦在瀕臨死亡之前肉體承受的痛苦，並對此痛苦感到異常恐懼。

由於所有的宗教都相信靈魂是不滅的，因此很多信徒往生前總是祈禱：「我大限已到，但是死後會到哪裡去呢？請聖母慈悲救我。」或「菩薩請慈悲救我。」目的是希望死後自己的靈魂能安全抵達該去的地方。換句話說，古人對死亡的恐懼主要來自「不知道自己往生後靈魂會去哪裡」這種對死後世界的徬徨感覺。

以上的現象無論在基督教或佛教界都有。例如，在羅馬梵蒂岡的西斯汀大教堂壁上，有一幅米開朗基羅（一四七五〜一五六四年）的畫，主題是「最後的審判」，內容主要描繪人死後去天堂或地獄的景況；日本也有很多藝能表演，如能劇（一種佩戴面具演出的古典歌舞劇）或歌舞伎（日本的傳統通俗文化戲劇），內容是由靈魂出來說話，其中也包括靈魂出竅，意思是說，人還活著但是靈魂可以離開身體出來活動。

之所以有這些藝術，主要是源於以前的時代，人們認知到靈魂的存在，但是到了現代，戲劇裡偶爾出現的靈魂，即所謂的魑魅魍魎，也因為日本人否定迷信之後逐日減少，靈魂在現今的舞台上幾乎消失無蹤。

但是我們也發現，愈接近現代，就有愈多人感覺到心靈的空洞，接著有一些感覺特別靈敏或特別感性的人，又開始提出「靈魂好像存在」的觀點。這種感性表現在時下一些恐怖驚悚的電影和戲劇中，而這些電影和戲劇也促成時下年輕人走向新興宗教，這就是目前的情況。我認為，這種情況只能突顯現代人開始反對沒有靈魂的說法。

我相信人是有來生的，人並非死亡之後就歸於無有。但是若有人問我：「人死後會去哪裡？」我只能回答：「不知道。」即使我不知道，但是我仍然相信人是有來生的。最重要的是，我相信的來生並非一般人口中的地獄或天堂，這些只是宗教方便用來引導世人向善的說法。我相信人有來生，主要是基於我相信靈魂不滅的概念。例如，稻盛和夫這個靈魂在這一世修行，提升了自己的心智，死了之後會到另外一個世界，還是繼續同樣的修行。

我並不清楚到另一個世界之後，到底如何修行，但我想應該和這裡一樣，透過各種苦難和考驗，不斷磨練自己的人性，努力提升自己的心智吧！因此，佛教有輪迴轉世或者有人借用他人的身體再回到人間的說法。轉世的目的就是讓自己有機會再進一步修練自己。

據我的理解，如果將自己的心修行到像釋迦牟尼佛一樣慈悲，到達徹底開悟的境界，就可以不再輪迴，不再回到人世間。

因此我認為，我們此刻生而為人的目的就是為了淨化自己，讓自己的心和靈魂變得更單純、更美。總之，此生是提升自己靈魂與心智到更高境界的一段中間時期，對人類而言形同一個修練的道場。

當我們進入來生時，能帶去的只有靈魂，物質的財產或名聲都得留在這裡，也沒有人可以跟我們一起走。一個人走的感覺雖然寂寞，還是得勇敢地邁向下一段（來生）旅程，而那時候配戴在身上的勳章，將是更美麗的靈魂、更光亮的心。

就好像我們欣賞宗教畫作或電影時，天使的身上總是圍繞著耀眼的光芒，聖母瑪利亞出現時也是光芒四射，佛陀的背後也有一個大大的光圈。我覺得用這種手法來表現靈魂的光亮非常貼切，同時我也相信，如果我們都能磨練自己的心，我們的靈魂也會發出炫麗耀眼的光芒。

第19章

共生與競爭

人類在文明尚未開化的狩獵時期，自然界曾經擁有非常強烈的共生意識。

何謂共生意識？我認為其關鍵字就是「愛」。愛有兩種：一是包含萬有的「大愛」（普遍的愛）；一是只對自己的「小愛」（自私的愛）。

原始時代人類能夠基於大愛，產生共生意識和思想，主要也是受教於自然界。自然界教給人的訊息是，如果過度擴大只重視自己的「自私的愛」，就會危害他人，自己也可能因而走向滅亡。例如，後面章節會再詳述的火耕（輪耕）農業，這種耕作方式只顧眼前的收穫，罔顧森林的再生能力而燒毀植物，如此一來森林內的土地將失去活力，農作物的收成也急遽減少，這就是擴張小愛而得到的報應。

人類就是在自然界求生時學到這樣的概念，並自然而主動地實踐

「共生」的生活方式。

這種共生的情景在自然界隨處可見，只是有些時候小愛會突然變得過度強盛，例如蝗災。由於環境的變化，有時蝗蟲的繁殖會進入異常狀態，繁殖太快的結果就會將附近的草木全數吃光。因此只要蝗蟲過境，方圓數十里甚至數百里則寸草不留，變成一片光禿禿的荒地。由於數量驚人，蝗蟲很快地吃完了所有的植物，吃完所有食物之後，蝗蟲也會集體死亡。這個例子顯示，當小愛擴張過度時，可能為自己帶來災難，嚴重時甚至可以導致整個族群的毀滅。

或許有人會接著問，那麼競爭又從何而來呢？最早的時候，自然界為大愛所包圍，因此物種之間基本上維持共生的生活型態。但是在共生的環境下，動植物仍然得面臨嚴苛的環境，想辦法生存下去，因此開始發展出小愛以求生存。這種無論如何要活下去的壓力，也逐漸造成動物和植物之間的競爭。那個時候的動植物，並非因為先考慮到需要競爭所以產生競爭行為，而是基於大愛而共生一處的動植物，為了保護自己而發展出自私的愛，拚命努力想讓自己生存下去。長此以往，與同樣具有生存壓力的鄰近動植物之間就會產生實質的競爭，一旦在競爭中有落後者出現，接著就會有滅亡的事情發生。

然而，這種滅亡並非出於其中的一方想要殲滅另外一方，而是被極力求生存的壓力波及時，另外一方應對時努力不足，導致落後和脫隊，所以可以說是「適者生存」的結果。

而人類為突顯自然界的殘酷生存競爭，經常使用「弱肉強食」一般的言詞。雖然我知道動物的世界有這種現象，但是整體而言我認為「適者生存」才是自然界的法則，競爭並非源於某些物種故意地去消滅其他生命，而是生物如果不能適應環境，就會走向自然淘汰的命運，這才是自然界競爭的真相。

動物的世界的確充滿了小愛，有時候為了自己的生存，會殺害其他的動物。但是即使如此，動物也會為了自己的生存，從事最低限度的殺生行為，因為如果過度膨脹小愛，自己也會失去生存的空間。乍見之下，牠們好像在十分悽慘的生存競爭下存活，但是仔細觀察就能發現，動物通常只獵取生存所需最低限度的獵物，儘量與其他動物在自然界保持共生的狀態。

存在小愛是理所當然，因為如果不能愛自己，就無法維持生命。為了生存下去，當然一定要保有小愛。重點是，小愛絕不應該脫離共生的前提。

這就像前面章節提過的自由有兩個面向，人類擁有自由，對擁有者而言或許可喜可賀，對他人而言卻可能是天大的不幸。

自由本來沒有好或壞，因為其根源也是出自於「愛」，只是因為運用的方法不同，才產生了善與惡的分別。如果始終都繞著小愛打轉，可能就是惡，眼光開始看別人並給予愛時，可能就變成善；善與惡的分界點就在於愛自己的「小愛」和愛他人的「大愛」中間。

自然界充滿及於眾生的大愛，整體而言過著共生的生活，因為所有的生命都了解，只求一己的繁盛必定導致對手的滅亡，未來自己也會走入疲憊衰竭之途。也因此佛教提出「知足」的理念，「知足」兩字同時也成為實踐共生生活的關鍵字。

即使就企業界的競爭而言，大愛同樣也是生存的必要條件。當然企業為了保護自我，為了能夠發展業務、走向繁榮，首先需要用小愛守護企業，然而這種自私的愛必須是根植於大愛和共生的思想才對。

經營者如果只考慮自己企業的利益，客戶便可能因為無利可圖而離去，導致經營走入了瓶頸，最後不但員工和股東的利益沒有保障，企業本身也會面臨倒閉的窘境。因此有時太過於強調企業本身的生存，只一味地發展小愛，反而促成企業的敗亡。

要避免企業走入不幸的命運，必須從事能讓顧客、員工及股東等圍繞在企業四周的人都感到滿意的經營；也就是說，發展小愛時也要顧及對他人的大愛。

一個太強調小愛的企業或產業太突出，會破壞了整個社會的和諧。因此現代社會有所謂的「反托拉斯法」，目的就在防止單一大企業掌控整個產業。我認為這種做法是政府運用有形的執法協助推展共生思想，以期將這種思想植入現代社會。

政府的用意在於督導企業長期雇用員工，並同時顧慮往來企業的進步與繁榮。

照顧員工和支援生意往來的企業等作為都屬於無私的大愛，此外，企業獲利就該繳稅，讓國家社會可以有效地運用稅金，同時企業也可以捐獻金錢，協助社會的發展……以上的行為都屬於大愛，總之企業必須嘗試透過這些動作與社會共生，才能在社會中長久生存。

企業間競爭的結果，可能導致對手倒閉，但是這樣的結局其實就如同剛才提到的，是「適者生存」的結果。無論任何企業，其首要任務是努力求生，讓自己的企業能夠存活和發展，乍見之下這是自私的小愛，但還算符合自然界的生存法則。

不過也不能因此打著共生的旗號，像航空母艦一樣組成一支艦隊，設法結合同業一起運作營利。雖然如此做對同業有利，但是對一般消費大眾而言，卻是很大的傷害，這種行為絕對不是基於大愛的共生行為，相反地，只是業界整體營私的小愛而已。

我既肯定企業為了生存，彼此競爭是有必要的；也認定為了有競爭的對手，企業間有必要走向共生。例如，在日本的國道路線上，如果只開了一間麵店，生意往往不是很好，開店不久就倒閉的例子也很多；如果這家店周圍有很多家麵店，顧客就逐漸匯聚而來，結果每家店都生意興隆。這主要是因為各家麵店為了競爭，除了不斷改善口味，價格也很便宜，因此每家店都生意繁忙，這就是共生的結果。相反地，如果某家店為了獨占生意，全力阻擾隔壁開新的店，自己的服務和品質卻因為沒有競爭而無法提升，於是客人日漸減少，最後還是走向倒閉。

上述的例子顯示，在接納他人和發展多樣化的前提下，才能形成競爭和共生；有了競爭與共生，社會全體才能開始逐步走向繁榮。

第20章

知足之道

有段時期，我聽聞前京都大學的靈長類研究泰斗、已故的伊谷純一郎先生講他經歷的一段故事。

他曾經為了研究猩猩的生態，滯留在非洲山區裡數個月，並趁機觀察非洲原始狩獵民族的生活。在他停留的村落裡，如果需要出去狩獵，全族的男性就會拿著弓箭一起出發。第一個獵物被打倒之後，當天的狩獵就宣告結束，所有的男人都回到部落，並開始瓜分獵物。

首先，打到獵物的人可以先切下他喜歡的部位，帶回去與家人分享，接著就依照和那個人的血緣關係遠近，由父母、兄弟、姻親等關係依次分取獵物，當然次序越到後面，分到的肉也越少。

伊谷先生見到這種情況就問族人：「一隻動物太少了吧，為什麼不多獵幾隻，大方地分給所有的族人，讓大家都能充分享用呢？」

結果族人回答：「不可，這樣一來就觸犯我們村子的規定，有人打到第一隻獵物時就應當停止當天的狩獵，這是祖先留下來的規矩。」聽說他們從未在一天之內捕獲一隻以上的動物。

根據伊谷先生的解釋，這個部落的族人依據本能而了解到一個道理：如果依自己的欲望去打獵，當地的野生動物可能很快就會絕跡，屆時自己也沒有東西可以裹腹。因此他們先衡量出當地動物可以繁衍物種的必要數量，並且緊守在此範圍內狩獵，以避免未來無肉可食。

有趣的是，伊谷先生的研究顯示，當地猩猩的狩獵習性也和這個部落一樣。猩猩屬於雜食性動物，通常是就近摘取樹上的水果為食，有時候也會捕殺剛好飛下來覓食的鳥類，變成肉食性動物。由於牠們的腕力夠而且手腳靈活，很容易抓到獵物。當其中的一隻猩猩捕獲到獵物時，其他的猩猩就全部停止狩獵，圍到捕獲獵物的那隻猩猩身旁，開始分食捕到的獵物。

伊谷先生發現，無論是這個非洲部落民族，或是和這個部落民族比鄰而居的猩猩族群，都擁有這樣的智慧：儘量控制自己生存的欲望，設法和整個大環境的生物共生。換句話說，他們十分了解「能控制自己的欲望，就能夠生存」這項道理。

此外，據說在非洲還有以火耕為生的種族。

當伊谷先生到這些部落做禮貌性的拜訪時，他們拿出很多美味的食物招待他。部落的酋長告訴伊谷先生，以前有法國的調查隊去拜訪，在部落裡住了很多天，他們也一樣熱忱地款待客人，結果把一年份的食物都用光了，接著族人只好挨餓。

伊谷先生覺得奇怪，就問：「你們準備多少存糧？」酋長回答：「我們只能種足夠每個族人吃一年的糧食。」伊谷先生接著問：「那麼有客人來訪時，就一定不夠吃了，為何不多種一點呢？」酋長說：

「那可不行，部落裡的神明不允許。」

火耕主要是將森林燒掉，讓土地變得比較肥沃之後再予以開墾、種植芋頭和穀物。由於耕種時不施肥，在每年都耕作的情況下，土地因此愈種愈貧瘠，農作物的收穫量也跟著逐年減少。最後當現有的土地沒有產能時，就再燒掉另一片森林，就這樣輪流燒掉森林，確保永遠有肥沃的土地可以耕作。

例如，某個部落將周圍的森林分為十個部分，然後每十年輪流燒掉其中一塊，在輪到的土地上耕作十年，如此一來，回到第一塊土地耕作時已經過百年，此時這塊土地已經完全恢復為百年前般林木繁茂的森林，此時如果燒掉森林再耕作，土地依然非常肥沃。

如果不依照這樣的方式耕作，為了多種植糧食而燒掉更多的森林，短期內雖然可以生產更多的糧食，但是長此以往，土地就會因為使用過度而逐漸貧瘠，可能因而種不出糧食、招來饑荒。因此即使再怎麼饑餓，在此生活的原住民也絕對不會燒掉過多的森林，影響森林的再生能力。

一百年差不多可以歷經三代的時間，因此原住民可說是為了自己的曾孫輩的生計著想，才會嚴格遵守這樣的規則。伊谷先生表示，他對於原住民這種行為，衷心感到敬佩。

或許他們並沒有學過科學，也完全不懂土地養分循環的原理，但就好像他們的血液中自然擁有「共生」的遺傳因子，共生的生活方式就這樣實際地代代相傳而來。

一個非洲的原始部落尚且明白知足的道理，為了讓千萬種生物能夠永遠存活在地球上，身為人類的我們，也應該採行知足、控制私欲的生活方式才對。

回頭看看科學發達、生活富裕的地區，所謂工業先進國的我們，生活又是如何？難道不是極端輕視自然、只知道滿足自己不斷增長的欲望嗎？也因為如此，人類的欲望永遠也無法獲得滿足。日本人的生活已經如此富裕，此刻應該感到知足，設法解決地球環保問題，並協助開發中國家的人過更好的生活才正確吧。

具有共生的理念，不但可以讓已經生活富裕的我們人生變得豐富多彩，如果大多數的人也都擁有這種理念，相信我們必定可以建立物質和精神同時都很富裕的社會。

第21章

我走過的路

我小時候曾接觸「生長之家[1]」這個團體發行的書，這些書對我成長之後的人生影響很大。

我才十三歲時，得了肺結核幾乎失去生命；由於叔叔、嬸嬸也在同時期罹患肺結核而辭世，街坊鄰居於是流傳「稻盛家因為業障，可能會全部死於肺結核」的耳語，受此流言影響，我的心情十分灰暗，甚至懷疑自己也將不久人世。

正處於生命低潮的時候，鄰家的太太借給我一本書，即「生長之家」的創辦人谷口雅春先生執筆的《生命的實相》。

1　「生長之家」是一九三〇年由谷口雅春創辦的新宗教，肯定人本來是完美的「光明之子」、「神之子」，所有病痛、罪惡並非實質，不過是心的「遮蔽」與「不調和」所產生的「幻影」。

書中說：「心中所描繪的景象，將會一一實現。」也提到了「心的樣子（形貌）」，主要是指人類的意識狀態有可能如實地呈現在自己的生活周遭。換句話說，出現在自己身邊的事物，事實上只是反映自己內心的想法，包括任何不幸的遭遇，甚至我的肺結核也不例外。

我從書中得到以上的訊息，雖然我也曾納悶地自問：「我什麼壞的意念也沒有過，為什麼還是遭到不幸？」心中仍有一絲不解的矛盾，不過躺在病床上的我，當時還是拚命在心中描繪善和美的景象（善念）。

至於什麼是善和美？我也是在那個時候才花盡心思去考量。也因為我努力地思索，在我的幼小心靈中已經有了「為世界、為人類盡心力」這種崇高的理念，我認為那就是善，我應該擁有這種想法。

那時我的思維是：心存善念，好的事就會來；心存惡念，壞的事就會發生。因此我一定只能想好的事，而且很努力想好的事才行。

當時的我正面臨死亡，恐怖的感覺無法言喻。然而也是在當時，我才開始理解這些道理，直到現在仍然堅信這些理念。

我的成長過程中，無論是就學、就業，都曾遭遇失敗的經驗，不可思議的是，我從未懷疑過這些理念。每當遇到不好的狀況，就反省自己的思維必定有問題，才會有此遭遇。

只要是人，就有煩惱。但是我那時就想：只要不去在意，把自己的心情調整好，問題就會自然解決。能夠有今日的成就，我想應該是因為我從小就努力維持善念的結果吧！

我的做法就好像心中有另外一個「我」的感覺；每當自己有自私的念頭出現，另一個「我」的聲音就會適時出現：「等一下，這樣做不是很奇怪嗎？」、「不可以往壞的地方想，只能想好的事！」

換句話說，感覺好像是另一個「我」會主動控制「任本能欲望馳騁的我」，結果才會產生現在的我。

然而，在不同的時期，兩個「我」的互動程度也有差距。當我罹患肺結核的時候，的確時刻維持很強的善念；到了中學以後，雖然依舊和當初一樣，感覺上已經比較淡化了；到了大學，自由奔放的思想顯然比較強烈。

不過進入大學之後，內心還是擁有良善的想法，之後進入社會也一樣，直到現在我仍然堅持「一定要保有善念」。

進入社會之後，我突然開始親近佛教。可能是因為小時候閱讀「生長之家」的谷口雅春的作品，他的思想受佛教的影響極大，因此我長大以後自然就能接受佛教的教義。例如，我每天持著「一定要保有善念」的想法之外，每當踏入書店一定拿起佛教的書來讀，我讀佛教的書籍時，感覺就像當初在讀谷口雅春的書一樣，幾乎是全盤接受，一點也不排斥。

結果我於一九九七年皈依佛門之意，主要也是因為受到我認識的一位佛教師父的影響。

在我剛創立京瓷（Kyocera）時，曾經受到西枝一江先生的照顧，當時他還擔任宮木電機公司的業務董事，也是京都府八幡市圓福寺住持師父的親戚，從年輕時就常常走訪圓福寺，和廟裡的老師父一起喝酒聊天。因為和老師父的關係，西枝後來成為這間寺廟的監督者。據說這間寺廟的老師父走了之後，繼任者因為廟產土地買賣出問題，於是西枝先生從熊本的寺廟請來西片擔雪繼任老師父的職位。

西枝先生與西片擔雪師父都是新潟人，據說他們具有遠親關係。擔雪師父年少的時候曾經在西枝先生的家裡當寄宿學生，並且就讀立命館大學。後來因為患了肺結核，嚴重到咯血的程度，他於是提出「這樣下去也是死路一條，倒不如到寺廟裡修行」的意願。

但是擔雪師父立刻遭到反對：「你的身體如此虛弱，寺廟的生活非常刻苦，這樣不是等於自殺嗎？」雖然遭到勸阻，但他仍然堅持「無論如何都要修行」，據說之後他就到京都花園的妙心寺出家，後來他的肺結核竟然奇蹟似地康復了。擔雪經過努力修行，後來成為熊本一家寺廟的師父，接著西枝先生也請他到圓福寺擔任師父。

西枝先生仙逝之後，那時擔雪師父決定接受妙心寺本寺授予他高僧的資格，他的夫人於是來找我，她說如果擔雪師父要成為寺廟的高僧，就要有一位在家人擔任監護人，她問我能否接任這個職位？

雖然一方面我既不懂監護人的工作內容，那時與擔雪師父的關係也不是很親近，但我仍回答：「西枝先生生前很照顧我，我願意擔任此職位。」並接下寺廟監護人的工作。也因為此種因緣，我和擔雪師父偶爾會見面，之後我的信仰也開始由佛教的淨土宗轉向禪宗。

我的家庭原本信仰淨土真宗，經常到西本願寺參拜，從小我接觸的就是一心念佛的佛教，當時對禪宗一無所知。因為擔雪老師的緣故，經常和臨濟宗妙心寺的人士接觸，才開始一窺禪宗的世界，接觸之後就考慮出家，並想認真學習禪宗。我想自己之所以喜歡禪宗，可能是受到擔雪師父的魅力和禪宗理論的吸引吧！

擔雪師父修行態度十分嚴謹，目前年屆八十高齡，不但維持獨身，而且終身茹素，是個素食主義者。由稻盛基金會主辦的京都賞[2]

2 稻盛和夫於一九八四年設立京都賞，分先進科學、基礎科學與思想藝術三領域，授獎給有卓越貢獻的個人，獎金五千萬日圓。

晚會餐敘，席間只有擔雪師父一個人是素食者，因此大會還特別為他準備素食晚餐。

一般而言，日本的禪宗和尚都可以娶妻生子，也不必奉行茹素，因此我認為就人格品質來看，擔雪師父是不可多得的好師父。和他接觸時，我的確感覺出來他的品性和人格十分突出與優秀。

我到寺廟拜訪擔雪師父的時候，他總是保持沉默，絕不提起難以理解的言論，只是靜靜地為客人準備茶點；有時我會主動提公司內的工作，他也只是聆聽，有時點點頭、回應兩聲「嗯、嗯」。

和擔雪師父的交往，我印象較深刻的事情是十五年前的一席話。當時，京瓷因為尚未取得政府許可就開始販賣精密陶瓷做的人工關節，一時之間變成媒體砲火圍攻的焦點。

由於精密陶瓷的人工關節這項產品早已經被醫學界認可，加上京瓷是應很多醫生的要求才正式生產，目的是用於代替毀壞受損的膝關節，因此我個人也有很多話要說。但當時儘管我覺得很冤枉，最後依舊決定在被抹黑時保持沉默。

但是大眾傳播媒體連日報導，緊咬著京瓷不放，我再也忍不住滿腔憤怒，於是就跑去拜訪擔雪師父，然後對他訴苦：「因為發生某些事，所以遭到惡運。」擔雪師父讀過相關報導，因此熟知事件內容，結果他給我的第一句話是：「那是沒辦法的呀！稻盛先生，受苦就是人還活著的證據！」

我原本以為他會給予一番慰勉，沒想到他竟視之理所當然，聽了他的話，我心中不免興起一種失落感，他接著又說：「面臨災難的時刻，其實也是清除過去所造業障的時刻。稻盛先生，業障能夠消除，應該感到高興才對呀！雖然我不知道你到底累積了什麼業障，用這樣的方式就能去除業障，是件值得慶祝的事喔！」

他的說辭幾乎是「靜心一禪坐，能滅無量罪」的白隱禪師[3]提倡「坐禪和讚」的翻版，也是最恰當用來糾正我的教理，這一席話讓我覺得自己收穫很大。

之後，我終於在擔雪師父的引導下，於一九九七年九月七日，以在家修行的方式在圓福寺「出家」（皈依佛門）。

有時不免被問：為何要出家？其實我最早打算在六十歲時出家，因為那時認為我的人生大約可活八十年，所以做此盤算。

我的想法是：自出生到二十歲為進入社會的準備期，二十歲至四十歲為勞動期，六十歲到八十歲為迎接死亡之旅的準備期。因此我希望於六十歲時辭掉企業的工作，一方面做些和尚們做的事，一方面研究佛教以迎向新的人生旅程。

　　也就是說在我八十歲、肉體面對死亡的時候，為了讓新的心（靈魂、意識體）之旅程能順利上路，我必須事先做好準備才行。那麼我如何肯定自己會在八十歲時死去呢？因為有位精通印度傳統醫術阿育吠陀[4]的瑜伽高僧來日本的時候，曾經為我把脈診斷，大約把脈五分鐘，對我一生的健康狀況如數家珍：「小學時期患過肺結核吧！」、「罹病的是右側的肺部吧！」、「當時肺有浸潤現象吧！」、「目前偶爾半邊的頭會劇痛吧！」（那時正為三叉神經導致的頭痛煩惱）等等。

3　全名為白隱慧鶴（一六八四～一七六八年），人稱「慧鶴和尚」，靜岡杉山人，日本臨濟禪宗的中興祖師。

4　阿育吠陀，梵文意指生命、智慧，相傳是五千年前由印度聖者共同撰寫的治百病醫書，堪稱印度的華陀寶典。

由於他的診斷太正確了，令我一時無言以對。結果他又以「現在你很健康，沒什麼問題」、「還可以活好幾年」輕輕地帶到現況，並告訴我如果換算成人類的年齡，我可以活八十歲；或許因為我腦海中一直記得這句話，所以認定自己會活到八十歲。只是實際的情況有點出入，一直到六十歲，我仍然忙於第二電電（現在的ＫＤＤＩ）的工作，無法自經營的崗位上退休。到了六十五歲，我的心念開始轉強，也實際體會到「只剩下十五年了，不能再等」的感覺，於是決心付諸實行，出家時心中充滿「終於能夠出家」的踏實感覺。

事實上，我原定一九九七年六月二十九日出家，事前也向公司請了兩週假，想要好好修行。沒想到在那之前的一個月接受健康檢查時，出乎預料地發現自己竟然得了胃癌，醫生告訴我，健康檢查時拍的Ｘ光片顯示，我的胃部有些地方出現異狀，要我幾天之後再到醫院做詳細檢查。後來在螢幕上，看到胃已經紅腫糜爛的部位，切片檢查的結果證實我得了癌症。

其實我每年年初一定會到醫院做健康檢查，那年因故延到六月初。主要是因為年初時妻子因為感冒，不想陪我去醫院，我也就偷懶沒去；幸好六月去了，才能及時檢查出來，對我而言，六月還真是好時機。

為何六月是好時機？因為如果一月去，可能還無法判定那是癌症，如果隔年一月才去做健康檢查，可能已經來不及醫治。

醫生宣布「因為還算早期，沒有大礙」之後，立刻為我動手術清除癌細胞。事實上，那時已經變成癌症初期，胃壁只剩下一層皮了。然而因為當時只是癌症初期，如果當年一月即去檢查，應該還未變成癌症，但如果等到第二年的一月才去檢查，又恐怕已經演變成無法挽救的癌症了。

當時被告知罹患癌症，竟然沒有一點驚訝或受到衝擊的反應，我的感覺只是「喔，是癌症嗎？」白天聽完醫生的宣告之後，我仍然依照原定日程表，搭乘新幹線火車到本州島西側的岡山縣，參加盛和塾[5]的例行會議，對著一群中小企業的經營者演講。演講結束後參加懇談會，還喝了一點酒，然後在新幹線火車上和一些盛和塾的學員交換意見，直到深夜才回到京都的家，回家之後也和平常一樣上床休息睡覺。

於是很多人問我：「當你知道自己罹患癌症時，心情沒有受影響嗎？」、「意識到死亡時，你不覺得恐懼嗎？」我只能說，當時我並沒有那種感覺。

因為從我的角度來看，死亡只是靈魂重新展開新的旅程而已，我深信那只是肉體的死亡，而非靈魂的死亡。如果死亡是新旅程的開始，那麼就算罹患癌症死亡，也非悲劇。

年幼罹患肺結核時，心中充滿不想死的求生欲望，但是到了五十歲左右，我對於死亡這件事就不再有特別的感覺了。

至於那是否是基於信仰的心，我覺得有點差異。所謂的信仰應該是相信阿彌陀佛會來接引，或者在基督的導引下進入天堂。但是在有信仰之前，我就認知到生命不滅、死亡是肉體消失、自己的靈魂永生不滅等想法，更重要的是，我已了解必須不斷磨練自己的靈魂，才是此生最重要的大事。

---

5 盛和塾於一九九五年成立，由稻盛和夫擔任校長，以中小企業經營者為招收對象，分享人生哲學與經營理念，培育新世代的經營者。

而且出家以後，受教於擔雪師父，他也曾訓誨我：「和尚只顧修行，很難直接影響社會；你出家之後應該繼續為社會做出貢獻，這才是真正的學佛之道。」總而言之，今後我仍將遵行佛的教義，貢獻自己微薄的力量給社會，多少提升自己的心智才行。

國家圖書館出版品預行編目（CIP） 資料

稻盛和夫的哲學：人為什麼活著（暢銷紀念版）／
稻盛和夫著；呂美女譯. -- 第二版. -- 臺北市：天下雜
誌股份有限公司，2024.12
272 面；14.8×21 公分. --（天下財經；534）
譯自：稲盛和夫の哲学　人は何のために生きるのか
ISBN 978-986-398-983-7（平裝）

1. CST：人生哲學　2. CST：日本

191.9　113003577

天下財經 534

稻盛和夫的哲學（暢銷紀念版）

人為什麼活著

稻盛和夫の哲学　人は何のために生きるのか

作　　者／稻盛和夫 Kazuo Inamori
譯　　者／呂美女
封面設計／Dinner Illustration
內文排版／顏麟驊
責任編輯／黃麗玟、賀鈺婷、張齊方、何靜芬

天下雜誌群創辦人／殷允芃
天下雜誌董事長／吳迎春
出版部總編輯／吳韻儀
專書總編輯／莊舒淇 Sherrie
出版者／天下雜誌股份有限公司
地　　址／台北市 104 南京東路二段 139 號 11 樓
讀者服務／（02）2662-0332　傳真／（02）2662-6048
天下雜誌 GROUP 網址／ http://www.cw.com.tw
劃撥帳號／ 01895001 天下雜誌股份有限公司
法律顧問／台英國際商務法律事務所・羅明通律師
印刷製版／中原造像股份有限公司
總 經 銷／大和圖書有限公司　電話／（02）8990-2588
出版日期／ 2024 年 12 月 25 日第二版第一次印行
定　　價／ 420 元

書號：BCCF0534P
ISBN：978-986-398-983-7（平裝）

直營門市書香花園　地址／台北市中山區建國北路二段 6 巷 11 號　電話／02-2506-1635
天下網路書店　shop.cwbook.com.tw　電話／02-2662-0332　傳真／02-2662-6048